SHODENSHA SHINSHO

これからの供養のかたち

井出悦郎

祥伝社新書

はじめに

わが子を亡くして

「お寺に相談したらどうだ？」

2013年9月、生後2カ月の長男を亡くして茫然自失《ぼうぜんじしつ》だった私は、父の一言にハッとさせられました。日頃から日本全国のお寺とお付き合いしているのに、お寺に頼るという発想がまったく浮かびませんでした。平時の思考力が失われていたのでしょう。

懇意にしている住職に電話をかけて訃報を伝えると、住職はしばらく絶句した後、お悔《く》やみの言葉を述べられ、穏やかな口調で提案されました。それは、「自分で葬儀社を選んでも、お寺が葬儀社を紹介しても、どちらでもよい」「葬儀の会場はお寺を提供できる」というものでした。仕事が多忙を極《きわ》めるなか、連日にわたる夜遅くまでの息子の付き添いで、精神的にも肉体的にもクタクタに疲れていた私は、住職にすべてお任せすることにしました。

通夜《つや》・葬儀は近親者のみのひっそりとした式でしたが、お寺の本堂で執《と》り行ったことで時間を気にすることなく、ゆっくりと最期の時を過ごせました。

通夜後は私一人が本堂に泊まり、息子の棺《ひつぎ》の前に布団を敷いて寝ました。今生《こんじょう》において最初で最後の息子とともに過ごす夜。何度か起きては棺の蓋《ふた》を開けて息子に語りかける。そんなことを繰り返して朝を迎えました。

翌日、葬儀・初七日《しょなのか》をつつがなく終え、白骨となった息子と帰宅しました。居間に即席の空間を作って息子の骨壺を安置した時、ようやく家族全員で一緒に過ごせる、そんな安堵を感じて脱力したことを覚えています。

お寺から紹介いただいた葬儀社は担当の方に恵まれ、葬儀前後のさまざまな調整・準備はスムーズに進みました。そして、四十九日忌《しじゅうくにちき》、一周忌などの供養《くよう》は、お寺にお世話になりながら、まったくの不安・不満を覚えることがなく、現在に至っています。

お寺にお願いしてよかった。息子の弔《とむら》いをお寺にお願いしたことは、今までの人生における最良の選択の一つだったと、確信しています。

死から始まる物語

息子の死を通じ、私は当たり前のことに気づかされました。それは、私の先祖が一人でも息子のように亡くなっていたら、今の私はいないということです。天文学的な確率の偶然のご縁で私が生まれてきたという事実に、知識ではなく、身体の奥底で深く納得しました。

世代をさかのぼるごとに倍々で増えていく先祖は、5世代さかのぼると32人ですが、10世代では1024人、20世代ではなんと104万8576人になります。これだけ多くの先祖が私まで命をつないでくれたことに、深い感謝の気持ちが素直に湧いてきました。

天文学的な偶然で命をもらったこと、そして私もいつかは死ぬこと。きわめて当たり前のことですが、息子が自分の死をもって、身体の奥底での深い理解に至らしめてくれました。命のリレーについての理解は息子からもらった最高のプレゼントであり、手に焼きつく息子の温《ぬく》もりの記憶とともに大切にしています。

巷《ちまた》では、「死んだら終わり」「死んだらカルシウム」とまで言われているようですが、私はそうは思いません。息子は今も私たち家族の中で息づき、家族の物語を演じています。息子の位牌《いはい》は食卓の近くに置かれ、いつも家族を見守ってくれています。私も妻も子どもたちも、外出時や就寝前には息子に手を合わせます。人間の細胞は3、4カ月で入れ替わると言いますが、原子となった息子は巡りめぐって家族の細胞になっているかもしれません。

息子が亡くなった日、空を赤々と染める夕焼けが西の空に見えました。仏教の極楽浄土は西方《さいほう》にあると言われますが、もしその地に息子が向かったのであれば安心かもしれない。そう感じさせてくれる見事な夕陽でした。

人間は古来、自然の中に故人を見てきました。空を仰《あお》ぐ人もいれば、蝶《ちょう》に故人を感じる人もいます。私たち家族にとって故人を象徴するものは、その日以来、夕陽になりました。妻とは、「これから先どんな地域に住んだとしても夕陽の見える家に住みたいね」と、そんな会話をしています。

私には特段の霊感はありませんし、死後の世界があるのかも分かりませんが、大切な亡き人がいる場所がどこかにあり、そこで「また会える」と思えることに幸せを感じます。「夕陽がきれい。あそこには大切な人がいるからだ」という素朴な感覚。そして、自分もいつか彼《か》の地に胸を張って行けるよう、それまで人生を全《まっと》うしていきたい。このような方向性の中に、自らの人生の歩みがあります。

死は終わりではなく、死から始まる物語があります。信じるも信じないも人それぞれですが、幸せに生き死にを全うするにはどちらがよいか。少なくとも私は、死から始まる物語とともに生きていくことに幸せを感じています。そして、私の人生経験の積み重ねとともに、その物語に感じる意味も変化していきます。死から始まる物語は、現在進行形でずっと進化し続けるのです。

供養は、供養する人のためにある

人間は自らの死を前にした時、物語のない死にどこまで耐えることができるのでしょうか。緩和ケア病棟で終末期患者の方々と向き合われてきた研究者の方と、お話ししたことがあります。その方は「死んだ後に自分がどうなるかという、ある種の信仰を持たれている人のほうが安らかに亡くなっていく傾向を感じる」とおっしゃっていました。

仏教に限らず歴史に磨かれてきた宗教には、１０００年を超えて人間の生き死にを見つめて編《あ》まれた物語が詰まっています。一人ひとりの人生という主観的な物語の積み重ねによって、遥《はる》かな時空を超えて息吹を保ってきたと、言い換《か》えることができるかもしれません。現代は客観的エビデンスが重視されますが、歴史的に見れば、現代という一時の浅はかな知恵で宗教という物語を矮小化《わいしょうか》することは、おこがましいのではないでしょうか。

血縁、地縁、社縁が廃《すた》れていく現代において、私たちはどのような物語とともに死んでいくのでしょうか。独力で1000年を超える物語を新たに生み出すことも一つの努力としてありえますが、それよりも人間社会が歴史的に大切にしてきた時空を超える物語に身を委《ゆだ》ねていくほうが、死後も含めた安心感につながりやすいと思います。

一方で、昨今は葬儀をはじめ供養の営《いとな》みそのものが日本社会で希薄化しつつあります。死から始まる物語を担《にな》ってきた供養が力を失ってきているということは、連綿として続いてきた人間社会の連続性を保つことよりも、個々人の刹那《せつな》を満喫することを、私たち一人ひとりが優先する時代になっているとも言えます。

約100年前、夏目漱石《なつめそうせき》は現代の本質を次のように喝破《かっぱ》しました。

「自由と独立と己れとに充《み》ちた現代に生れた我々は、その犠牲としてみんなこの淋しみを

味わわなくてはならないでしょう」（夏目漱石『こころ』新潮文庫）

現代はテクノロジーの発達で相互につながりやすくなったはずですが、何か淋しさを覚える。そのように感じる人が増えています。生きている人とも、死者とも離れていく。連続性というつながりの中で命を授《さず》かり、つながりの中で生かされている私たちですが、膨張したエゴによって自らの成り立ちを否定する自己矛盾の中に生きていると言えます。

本書では、供養の英知を持つ多くの僧侶に力を借り、現代における死者とのつながり、供養という営みについて考察します。そして供養を通じて、亡き人とのつながりと、命のリレーによる自分の存在を確認します。その確認は自らの人生を立ち止まって見直し、生きる活力を養う機会にもなるでしょう。

供養と言うと葬儀、法事などの儀礼が頭に浮かびます。しかしそれは一部にすぎません。家族・親戚、お寺、関係業者などのさまざまな関係性（ご縁）を円満に整えていくプロセスが、とても大切です。円満に整ったご縁が基盤となった上で、儀礼という象徴的な場が気持ちよく成立し、「丁寧に供養できた」という心持ちを得られるのですから。

つまるところ、供養は一人ひとりの幸せのためにある。それが本書を貫くテーマです。

変化が激しく、経済原理による効率化や均質化の波が容赦《ようしゃ》なく伝統を駆逐《くちく》していく現代社会において、本書が供養の意義やあり方について考える一助になれば幸いです。

2023年5月

井出《いで》悦郎《えつろう》

目次

第二章 変わりつつある供養

第三章

失敗する供養

第四章 理想の葬儀を実現するノウハウ

第五章

理想のお墓、仏壇を実現するノウハウ

第六章 理想のお寺づきあいを実現するノウハウ

終章 これからの供養

第一章

供養は何のためにある?

多義的な供養

供養という言葉を聞いたり、会話で使ったことはあるものの、いざ意味を説明しようとすると、言葉に詰まる方は少なくないと思います。本書は供養をテーマとしていますので、まず供養の定義を確認します。

供養は供給資養（くきゅうしよう／きょうきゅうしよう）の略語と言われます。供給はお供《そな》え物などを捧げることを意味し、お供え物は飲食物だけでなく、香りや花、衣服などがあります。そして資養は自らの心を養うことを意味し、神仏や祖霊に感謝や敬意を示すことを指します。

供養はさまざまな言葉と紐《ひも》づいて使われます。亡くなった親族らの幸せを祈る追善《ついぜん》供養（いわゆる先祖供養）、生前の罪によって餓鬼道《がきどう》に落ちた有縁・無縁の死者に施《ほどこ》しを与える施餓鬼《せがき》供養、仏像・仏画だけでなくお墓や仏壇に魂を入れる開眼《かいげん》供養、諸仏の徳をほめたたえたり出遇《であ》えた喜びを表す讃嘆《さんだん》供養など、供養という言葉が紐づく営みは多岐にわたります。

したがって供養という言葉の意味は多義的であり、追善や施餓鬼などを略して、単に供養という言葉だけで流通していることも珍しくありません。便利な言葉なだけに、さまざまな場面・文脈で使用されるものの、いざ意味を問われると説明が難しいということになるのでしょう。

ただ、一般社会において供養という言葉が使われるのは、追善供養の文脈が多いため、本書においては特段の言及がない限り、追善供養の意味で供養という言葉を使います。そして、追善供養を突き詰めていくと最終的には讃嘆供養と重なりますが、その理由については本書の中で解説していくこととし、まずは分かりやすさを重視して追善供養の意味で供養について考えます。

死者の霊魂

供養の前提として、亡くなった人はまったく消えて無《む》になったわけではなく、何らかの存在として認識されています。死者が供養の対象である以上、死んで目に見えなくなった人が何らかの形で存在していることを想定しなければ、そもそも供養そのものが成り立たなくなります。

その点で、日本では伝統的に霊魂（もしくは魂）という、目に見えない存在として死者を認識してきました。亡くなった人は天国にいる、極楽浄土にいる、あの世にいるなど、人によっていろいろな感じ方がありますが、霊魂という言葉を使わなかったとしても、死者が目には見えない何らかの存在としてどこかにいるという意識は、広く共有されている感覚ではないでしょうか。

永久不滅の霊魂が、この世では身体というかりそめの姿に宿り、身体が生物的な限界を迎えて死ぬ時に、身体から遊離した霊魂はこの宇宙のどこかに還《かえ》っていく。このような感覚を持つ人はけっして少なくないと考えます。

たとえば、日本の代表的な季節行事であるお盆は、霊魂という存在になってどこかにいる先祖が私たちに会いに来てくれます。先祖という敬《うやま》いの対象を迎えるべく、各家庭では家を綺麗《きれい》にし、普段よりも多くのお供え物を置く精霊棚《しょうりょうだな》をしつらえます。先祖の霊が乗ってくるキュウリで作った馬と、帰っていく時に乗るナスで作った牛が供えられた光景は、お盆の印象的なワンシーンです。8月15日のお盆の法要《ほうよう》が終わった後、送り火とともに先祖は牛に乗ってゆっくりと帰っていきます。

先祖の霊魂が会いに来てくれるお盆とは逆に、法事は、生きている私たちから先祖に会いに行く場と言えるでしょう。そして、日常的には仏壇に向かい、先祖を想《おも》います。時々会いに来てくれたり、会いに行ったり、日常的には想ったり、霊魂となっている先祖とさまざまな営みや距離感でコミュニケーションしながら、私たちは生きています。

「現代人は何を対象として供養しているのか、その対象がぼやけている人が増えているのではないでしょうか」

こう語るのは法華寺《ほっけじ》（大阪府・法華宗）の庄司真人《しょうじしんじん》住職です。日常生活で死という存在が希薄化し、葬儀や法事の簡素化も進む現代では、心の中に死生観が構築されにくくなっていると指摘します。

「死が遠くなり、供養文化も薄れる中では、自分の死への不安や生きる意味を見失ってしまいがちです。『霊魂として振り返る自らの人生』を忘れてはなりません。故人は生前に必ずしも望ましいことばかりを行ったわけではなく、知らないうちに人を苦しめている場合もあります。その行いの報《むく》いで、死後に身体の束縛を離れた霊魂は後悔の苦しみを感じています。遺《のこ》された者がその霊魂を慰《なぐさ》め、癒《いや》すことが供養の大切な役割です。『魂の供養』があることを知り、死後も続く自分の魂の永遠性に気づくことができれば、今生の命をより精一杯生きること、ひいては幸せにもつながるのではないでしょうか」

霊魂の実感

供養の対象となる霊魂の解像度を上げていくことが現代人にとって重要であるという指摘ですが、実際に霊魂はどのように感じられるのでしょうか。

一つには「お迎え体験」が挙《あ》げられます。お迎え体験について、仏教では阿弥陀如来《あみだにょらい》が極楽浄土から亡くなる人をお迎えに来る「来迎《らいごう》」がありますが、現実には亡くなった親族や知り合いがお迎えに来るというケースが多いようです。

実際にお迎え体験を学術的に調査した研究があります。東京大学大学院人文社会系研究科が2008年に発行した「死生学研究」第9号に、大規模なアンケート調査結果が掲載されています。この調査は2007年に実施され、在宅ホスピスを利用して終末期患者を在宅で看取《みと》った遺族を対象とし、郵送した682票の内、366票の回答結果を得ています。きわめて絞り込まれた対象への調査としては、大規模な回答数と言えるでしょう。

故人が見えた、聞こえた、感じたらしいもの

	%
すでに亡くなった家族や知り合い(A)	52.9
そのほかの人物(B)	34.2
お花畑	7.7
仏	5.2
光	5.2
川	3.9
神	0.6
トンネル	0.6
その他	31.0

※複数回答

故人に見えたらしい人物(A+B)の内訳(人数)

	死者	生者
父	21	0
母	28	1
夫、妻	13	0
兄弟姉妹	19	3
息子、娘	5	3
その他親戚	14	4
友人、知人	16	15
それ以外	2	22
無回答	10	4
合計	128	52

出所：「死生学研究」第9号「現代の看取りにおける〈お迎え〉体験の語り― 在宅ホスピス遺族アンケートから」より筆者作成(以下同様)

結果は興味深いものです。「患者さまは、他人には見えない人の存在や風景について語った。あるいは、見えている、聞こえている、感じているようだった」かどうかという質問に対し、「あった」という肯定的な回答は45・6%でした。そして肯定的な回答の中で、「見えた、聞こえた、感じた」対象として「すでに亡くなった家族や知り合い」が52・9%と半数を超えたのです（参照：正木晃『いま知っておきたい霊魂のこと』NHK出版）。

また、「お迎え体験」とは異なるものとして、「お迎え現象」というものがあるということを、少なからぬ僧侶から聞きます。「お迎え現象」とは、ある人が亡くなる前後に、家族や親しい知り合いのもとにやって来るという現象を指します。

「虫の知らせなのか、お世話になったおじいちゃんが亡くなる2日前に夢に出て来て、『家族をよろしくお願いしますね』と言われました。そして、実際に訃報の電話が2日後にあり、おじいちゃんがお別れの挨拶をしに来てくれたのだと思いました」

こう語るのは、聖徳太子《しょうとくたいし》が創建した四天王寺《してんのうじ》（三重県・曹洞宗）の倉島隆行《くらしまりゅうぎょう》住職です。多くの家族とのお付き合いの中でさまざまな死と向き合う経験を通じて、死後も檀家《だんか》さんとは魂のお付き合いをしていく感覚を持つ僧侶は少なくないのでは、と言います。このような感覚があるからこそ、「お迎え現象」という出来事も、僧侶にとっては自然なことなのかもしれません。

霊魂の個人的体験

筆者も息子を亡くした時期に不思議な体験がありました。息子には当時2歳の姉がいました。その頃、娘のさまざまな言動から、息子の存在を感じることがたびたび起きました。たとえば息子が亡くなる前のある日、家族みんなで病院にお見舞いに行きました。その道すがら、「晃太《こうた》、元気、元気」と言っていた娘が突然、「晃太、いたい、いたい」と連呼します。病院に着いてみると、息子は実際に医療的な緊急処置を受けた後でした。娘と息子が何らかの形でつながっているのかもしれないと、感じさせられる出来事でした。

また、息子が亡くなって2週間くらい経《た》った時のことでしょうか。精神的にも肉体的にもクタクタに疲れていた私たち夫婦は、週末は泥のように眠っていました。ある時、娘も一緒に昼寝をしていたところ、彼女が突如むくっと起き上がり、寝室からリビングのほうに一人で行く気配を感じ、私は目を覚ましました。

しばらくしても娘が戻ってこないのが気になり、起きてリビングのほうに行くと、娘はおもちゃで遊んでいました。何をしているのかと聞いたところ、「晃太と遊んでるの」と娘は答えます。当然私には息子の姿は見えません。私は驚いて娘に何度聞いても、娘は同じように答えます。私には見えない息子が、娘には見えていたのでしょうか。

また当時、ある僧侶から「子どもを亡くした人間によくそのような暴言が吐けるな」と思わされる、心が傷つく出来事がありました。家族の尊厳にも関わることなので看過できず、私はその僧侶に感じていることを率直に伝え、謝罪を求める決心を固めました。「パパがんばるよ」と、その決心を息子の霊前に伝えようと手を合わせていたところ、娘が私のもとに寄ってきて「パパ、がんばれー！」と、大きな声で言います。驚いて目を開けると、娘はとても優しい目で私を見上げてきます。無言で手を合わせていたので、私の心中を娘は知る由《よし》もなく、偶然にしてはタイミングも含めてあまりにもドンピシャでした。娘を通じて息子が応援してくれていると、感じさせられた出来事でした。

不思議な出来事は、息子の四十九日忌を迎えるまで続きました。私は特段の霊感はないと自覚しています。しかし当時のさまざまな出来事は、しゃべることのできない息子が娘を通じて私たち家族とコミュニケーションしようとしていると感じさせるのに、十分なくらいの衝撃がありました。

息子の存在を感じさせたものを霊魂と呼ぶのが正しいのか分かりませんが、何らかの不可視の意識体が私たち家族の日常に寄り添ってくれていたと今も思っています。科学的エビデンスでは証明できませんが、私たち家族の体験的事実では霊魂としての息子を否定できず、むしろどこかにいると考えることが自然です。

そして、そう思って生きるほうが、息子は身体こそないけれども家族の物語をつむぐ一員として存在し続けることになり、私たち家族の幸福度は増すと思っています。

霊魂について長々と述べてきました。お釈迦さまは霊魂の存在について回答しなかったと伝わっていますが（「無記《むき》」と言います）、日本における仏教はさまざまな土着習俗との融合において成り立ってきており、インドで生まれた原始仏教と完全に一致するわけではありません。枕詞《まくらことば》をつけた「日本」仏教として霊魂を捉《とら》えると、霊魂を否定することは日本仏教の成り立ちの自己否定でもあると考えます。

そして、宗派によっては死者を供養することは教儀で否定されていても、多くの檀家さん・門徒さんは亡くなった先祖を対象として供養するという意識のもとで、葬儀・法事を営んでいる現実があります。霊魂という言葉を使わなかったとしても、死者が何らかの不可視の存在としてどこかに存在しうることを前提としていることは、各宗派に共通する現場の実態です。

以上のことをふまえ、供養を通じた幸せを考える本書では、死者が何らかの不可視の存在として存在しうることを肯定的に捉える立場を取ります。そして、一般的に分かりやすい呼称として、その存在を「霊魂」と呼ぶこととします。

日本の文化・風土と密接な供養

供養の対象となる霊魂について考えてきましたが、これから先は少しずつ供養という営みについて考察していきます。まず、供養そのものは日本の文化や風土にどのように定着してきたのかを見ていきましょう。

供養の根底には日本的な「祈り」があります。祈りの語源には諸説あるようですが、祈りは「い」と「のり」から構成されているという考えがあります。「い」は命や息吹、「のり」は祝詞《のりと》やまことの言葉を表します。つまり祈りとは、命の祝詞、命の誓い・約束という意味になります。

「仏教伝来以前からの『かしこみかしこみ申す』という神道的な感覚で捧げられてきた祝詞に、慈悲や善《よ》く生きるという仏教の教えが加わりました。1000年以上の長い時間をかけて熟成し、日本の文化に定着しています。本来の祈りは善く生きるという約束です。祈りの対象が神仏でも死者であっても、祈る人は一生懸命生きていくという宣誓をしていることになります」

こう語るのは長谷寺《はせでら》（長野県・真言宗智山派《ちさんは》）の岡澤慶澄《おかざわけいちょう》住職です。地域の信仰を広く集める長谷観音には日々参詣者が絶えず、日本人の暮らしに祈りというものが深く根付いていると言います。一方で、神仏にお願いをすることが重視されがちで、「善く生きる誓い」という祈りの重要な側面が置き去りになっていることも感じているようです。

「日常的なお参りでも、法事などのかしこまった法要でも、その場の祈りを通じて立てた誓いは日常の中で反映されていく必要があります。たとえば、先祖供養は死者の魂を前にして『おじいちゃん、私はこう頑張るよ』と強烈に誓うことであり、日々の生活のベクトルになります。死者の冥福《めいふく》を願うだけでなく、本来は生きている人にとって大事なことが先祖供養などの死者儀礼には詰まっているんです」

仏教では、仏という性質が誰にも備わることを肯定します。一人ひとりに潜在する仏性《ぶっしょう》を前提として、日本においては根強い祖霊・先祖崇拝を基盤に、先祖をはじめとする死者を仏に見立てる文化が発展しました。

黄泉《よみ》の国や穢《けが》れなど、暗いイメージや畏怖《いふ》として捉えられていた日本神話に由来する死後の世界を、日本仏教は大転換しました。死者を仏と同一視し、救いに対する憧れを創出する世界観の転換は、一種のイノベーションです。仏となった先祖との関係性を育《はぐく》むことを通じて、一人ひとりが気づきを得て、善く生きる歩みを後押しすることが、先祖供養などの死者儀礼が担ってきた機能と言えます。

また本章冒頭で述べたように、追善供養を進めていくと讃嘆供養と重なっていきます。供養を通じて、生者はさまざまな気づきと出遇います。気づきをもたらす死者は仏であり、仏教の価値観が染み入った気づきとの出遇いを喜ぶことは、諸仏の徳をほめたたえる讃嘆

追善供養と讃嘆供養

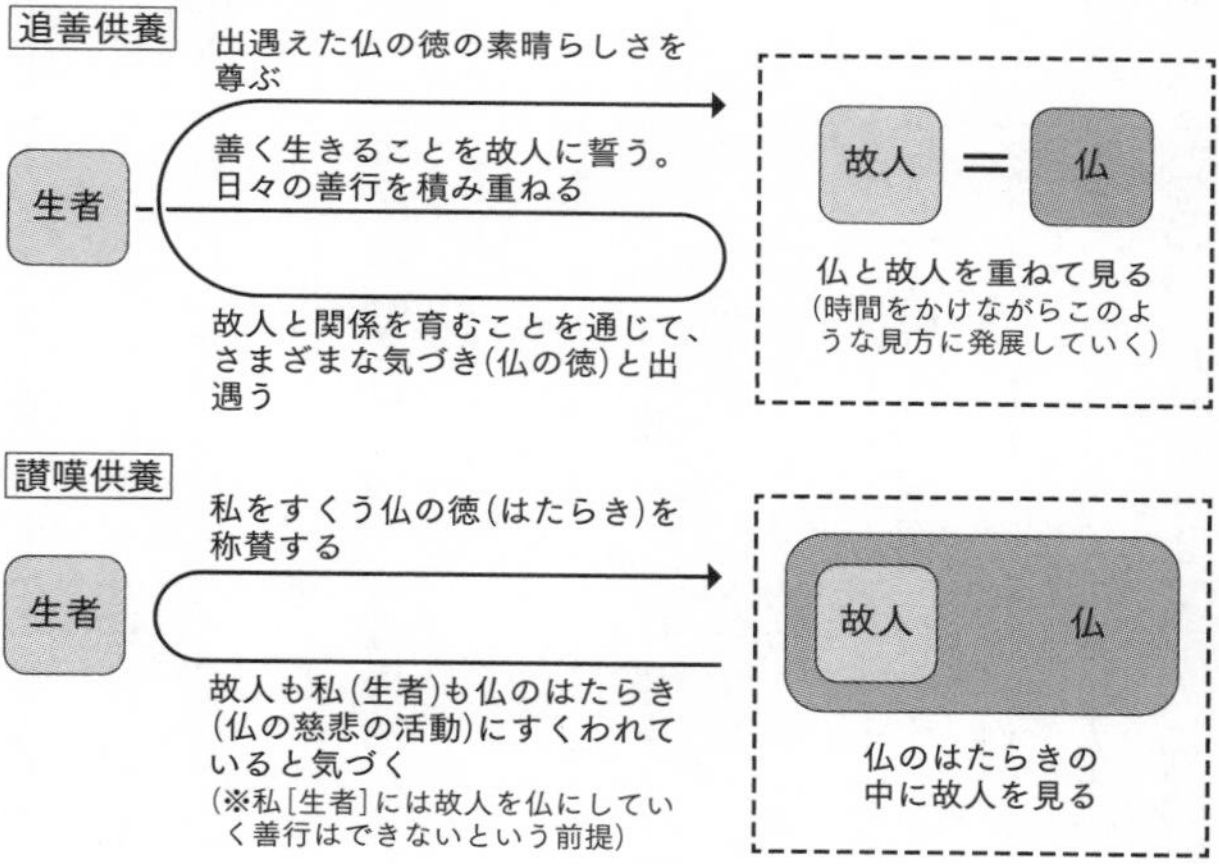
追善供養
出遇えた仏の徳の素晴らしさを尊ぶ
善く生きることを故人に誓う。日々の善行を積み重ねる
生者
故人と関係を育むことを通じて、さまざまな気づき(仏の徳)と出遇う
故人
＝
仏
仏と故人を重ねて見る
(時間をかけながらこのような見方に発展していく)
讃嘆供養
私をすくう仏の徳(はたらき)を称賛する
生者
故人も私(生者)も仏のはたらき(仏の慈悲の活動)にすくわれていると気づく
(※私[生者]には故人を仏にしていく善行はできないという前提)
故人
仏
仏のはたらきの中に故人を見る

供養と、最終的な意味合いは重なります。

宗派では浄土真宗が讃嘆供養を、その他の宗派は追善供養を強調しますが、途中の道のりは違えども、最終的には気づきをもたらす仏との出遇いを尊《とうと》ぶ点では、宗派にかかわらず共通していると考えます。

狭義の追善が強調される現在の供養

「善く生きる誓い」という供養の機能はとても素晴らしいものですが、多くの葬儀や法事において、「善く生きる誓い」を強調される場面が少ないのが現実ではないでしょうか。お経の功徳《くどく》を死者に振り向ける読経《どきょう》や塔婆《とうば》を立てるなど、いわゆる死者の冥福を願う追善が中心となった葬儀や法事が一般的です。

「亡くなった人の死後の幸せを願うことが大切なのは分かるけど、これから何年間もずっと供養し続けることが自分にとって何の意味があるの？」

このような疑問を持つ人は多いはずです。意味やメリットの納得感を求める現代人にとって、追善が強調される現在の葬儀・法事などの供養は、前向きに取り組みにくいものになっていると考えます。

「現在は追善の意味が狭《せば》まっています。お経の功徳は一定程度ありますが、それ以上に『自らの善意、善行を故人の魂に送る』ことが大切です。善意、善行を意識して陰徳《いんとく》を積むことが、亡くなった人たちへの供養となります。そうすることで、霊魂となった故人から、逆に力をもらえるのです」

こう語るのは法華寺の庄司住職です。本来の追善供養はお経やお供物《くもつ》だけでなく、故人と縁のある一人ひとりが「日々を善く生きる」ことにあるという指摘です。

そう考えると、日々を善く生きる人々が供養の場に集《つど》い、自らの善行・善意を故人に報告するとともに、祈りを通じて故人に対してこれからも善く生きていくことを誓い、心を新たにしてまた日常に戻っていくという、死者と生者の善き気持ちの交流・循環にこそ追善供養の本義があると言えます。

それでは、追善供養において「善く生きる誓い」という意味が後退し、狭義の追善供養に狭まっていったのはなぜでしょうか？　それはお寺に責任の一端があると考えます。本気で悟《さと》りを目指す僧侶ばかりとは言えない現状があり、世襲によるお寺の家業化も進む中で、僧侶としての継続的な成長を促すガバナンス機能が、仏教界で十分に働いていないことが要因です。

「善く生きる誓い」という意味を納得感ある形で伝えていくには、僧侶自身の生きざまが問われます。何を言うかよりも、誰が言うかが問われると言ってもよいでしょう。もちろん懸命に修行し、日々研鑽《けんさん》を積まれている、尊敬すべき素晴らしい僧侶も多くいます。しかし、寺院数が7万を超え、僧侶も30万人を数える中、「善く生きる誓い」という供養の意味を、僧侶全員が納得感のある言説や振る舞いを通じて人々に伝えていく力を備えているとは言えないのが現状でしょう。

一方で、「故人にお経の功徳を届けましょう」「故人が好きだったものをお供えしましょう」などの、狭義の追善的行為を強調することはどのような僧侶でも比較的取り組みやすいことです。労力の少ない簡単な行為が中心であり、住職自身の生き方が真正面から問われにくいからです。

お寺によっては、「うちの住職に難しいことを質問してはダメだよね」という暗黙的な共通認識や合意が、檀家さん側にあることがあります。私は全国のお寺を回る中で、時々檀家さんと触れ合うことがありますが、どのお寺の檀家さんもとても優しいと感じます。檀家さんという存在は、日本人の美しい良心の一つの表れではないかと思うこともあります。しかし、そのような優しさの一側面として、住職を傷つけることは言わないという抑制につながり、住職の僧侶としての成長が阻害されることもあります。

いわば住職と檀家さんの共同責任によって、「善く生きる誓い」という供養の素晴らしい機能が減退し、供養の価値が狭義の追善に閉じ込められてしまっているのです。供養の素晴らしい価値を感じられる場が少なくなっていることが、葬儀・法事などの供養の簡素化を促進していると言えます。

一方で、素晴らしい僧侶も多数いるということは、重ねて強調しておきます。供養に丁寧に向き合い、遺族や参列者の心に染み入る立ち居振る舞いや、癒しと気づきにあふれたお話ができる僧侶は各地にいます。

そのような僧侶は仏教もしっかり学び、日々研鑽を深められています。インターネットが発達した現代は、そのような僧侶とより出会いやすい時代になっています。さまざまな僧侶と実際に会いながら、ご自身と相性が合う僧侶に出会っていくことも有意義なことですし、読者のみなさんが心豊かな人生を歩んでいくことにも資《し》するでしょう。

精神衛生としての供養

「善く生きる誓い」という供養の大切な機能を見てきましたが、供養のそれ以外の意義についても考えていきます。

真っ先に挙げられるのは、供養にはそもそも精神衛生を良化する大切な役割がありす。たとえば葬儀に関して行った生活者調査では、75％の人が葬儀の必要性を感じており、その理由として「心の整理」「区切り」「けじめ」など、故人との関係性における節目の必要性が挙げられています。

・お別れの儀式で心の整理や区切りをつけるためにも必要。（男性・60代／京都府）
・やはり人生の終わりにけじめをつけるために必要。（女性・70代／千葉県）
・故人との別れを惜しみたいのは家族だけではないと思うので。（女性・40代／東京都）
（出所：一般社団法人　お寺の未来総合研究所「葬儀・お墓に関する生活者調査（N＝1，000）」２０１８年8月実施）

実際に縁ある人が亡くなった際に供養の儀式ができないと、心の整理や区切りの気持ちを持てず、ずっと心のどこかに残って気になり続けるということが起こります。たとえば流産をした後に水子供養をしなかったことがずっと気になり続け、かなり時間が経った50歳を過ぎてから水子供養をされる方も珍しくはありません。
供養は、それを行うことで気持ちが高揚するというプラスの効果というよりは、心のどこかでずっと気になっていたものを取り除いて楽にするという、マイナスだった精神状態をニュートラルに戻すのが大切な役割と言えます。仏教には抜苦与楽《ばっくよらく》（苦しみを取り除いて、安楽を与えること）という考えがありますが、供養はまさにその通りの効果を発揮します。

また、最近では新型コロナウイルスの影響によって、葬儀などのお別れという節目を経験できず、縁ある人が死んだという実感を持てない「あいまいな喪失」を経験する方も少なくありません。死に顔を見られない、線香もあげられないということによって、故人の記憶が中途半端な状態になり、気持ちの整理がつかない状況に置かれてしまいます。

グリーフケア（悲嘆の癒し）

精神衛生という観点で、供養の大切な役割としてグリーフケア（悲嘆の癒し）が挙げられます。まず、葬儀を見ていきましょう。

葬儀には三つの機能があると言われます。一つ目は「死の物理的変換」です。火葬して遺骨にすることが挙げられます。二つ目は「死の文化的変換」です。死者の霊魂を人格的に表す戒名《かいみょう》や、死後の安寧《あんねい》を願うことが該当します。三つ目は「死の社会的変換」です。故人が担っていた社会的役割や関係性が遺族に引き継がれることを指します。

そして葬儀から始まり、その後の法事（初七日／四十九日忌／一周忌など）が繰り返し営まれていくことによって、故人は生者から死者という存在に徐々に移行し、遺族が死という事実を受容しながら、故人を亡くした悲しみも少しずつ癒されていくことになります。

数多くの看取りに向き合ってきた願生寺《がんしょうじ》（大阪府・浄土宗）の大河内大博《おおこうちだいはく》住職は、次のように語ります。

「今まで生きていた人が死者という存在に変わります。当然、家族はその変化をすぐには受け入れられません。しかし、納棺をする、通夜を過ごすなど、一つひとつのプロセスを進める中で、故人に簡単には触れられなくなり、故人が少しずつ遠い存在になっていきます。葬儀などの供養の儀式は、情と思い出に満ちた故人を、家族から少しずつ引き剝《は》がす半ば強制的な力があります」

儀式に強制的な力があることで、故人との思い出に満ちた現実をリセットする区切りが設けられ、私たちは悲しみを癒す歩みを少しずつ進めることができます。

それではいったん区切りが設けられた故人との関係性は、どのように変化していくのでしょうか。大河内住職は指摘します。

葬儀・法事の3機能

葬儀やその後の法事（四十九日忌、一周忌など）の繰り返しで、故人は生者から死者のカテゴリーへと徐々に移行。この過程を通じて、遺族が死を段階的に受容していく

死	葬儀の機能	儀礼の対象
生理的な死	死の物理的変換 ・日本の火葬率はほぼ100％ ・「遺骨」の重視（火加減調整）	死者の体
文化的な死	死の文化的変換 ・死者の霊魂を人格的に表象（戒名） ・死後の安寧を祈る（多くの既成宗教） ・死者の意向の尊重（例：無宗教葬）	死者の霊魂
社会的な死	死の社会的変換 ・死者の社会的役割・関係を遺族に再分配し、関係者に披露（喪主＝家の後継者） ・社会階層の表出（例：葬儀の規模）	遺族

出典・参考：山田慎也『現代日本の死と葬儀』（東京大学出版会）

「時間の経過とともに、故人を思い出すことも徐々に少なくなります。しかし、誰かと亡き人について話すことで、自分の中で変化する亡き人に出会い直していくことができます。一周忌、三回忌、七回忌など、時々やって来る法事は、縁ある人たちと亡き人について話し、物語を紡《つむ》ぐ貴重な機会です。悲しみは乗り越えるものというよりも、形を変える悲しみとともに歩んでいくと言ったほうが適切でしょうか」

門前掲示板の多彩な言葉が注目される超《ちょう》覚寺《かくじ》（広島県・真宗大谷派）の和田隆恩《わだりゅうおん》住職は、実父を亡くした時の経験からも、亡き人について語り合うことの効用を感じると言い

ます。

「いずれ死に別れる覚悟はあったのですが、当初は悲しみが湧いてこず、自己嫌悪になりました。お葬式で人にはさんざん説いてきたのに。しかし、親戚と父親について話す中で、自分の知らない父親を知りました。父親像が膨《ふく》らむうれしさを感じる一方、急激に淋しさも覚え、悲しみのスイッチが入り、涙が流れました。悲しんでいない様子だった妹や親戚もみんな泣き始めました。泣くことでスッキリし、お別れできたという感覚が残っています」

一般的に法事は読経と住職の説法というイメージがありますが、和田住職は自身の体験もふまえ、故人について参列者が語り合う場として法事を営んでいます。

「葬儀も法事も、同じ気持ちを持った人が語り合うグリーフケアの場です。百カ日忌法要でも回忌納めの法要でも、『気持ちに変化がありますか?』と聞くと、みなさん話し始めます。家族・親戚同士でも、感じている気持ちが違ってよいのです。亡くなった人への向き合いを通じて、自分を見つめることにつながります。供養は自分のためですよ」

コロナ禍で人と会う回数が減り、他者への思い入れが弱まり、悲しめない人が増えたと、和田住職は指摘します。いきなり死にましたと聞いてもすぐに悲しめないからこそ、法事は感情を分かち合う場であるべきと、指摘します。

「現代は自分の感情を話しにくい時代で、それが苦しみにもつながっています。悲しみだけでなく、苦しみもグリーフです。誰かに話すことで悲しみや苦しみのグリーフが癒され、楽になるという体験をしてほしいです。その人が向き合っている状況の問題解決になるわけではありませんが、状況への向き合い方は変わる可能性があります」

距離が近いためにかえって恥ずかしさがある血縁関係でも、亡き人を中心に置く葬儀や法事という場だからこそ、率直な気持ちを開示することが可能になるのかもしれません。

もし気恥ずかしさもある家族に気持ちを吐露《とろ》できれば、家族以外の第三者に気持ちを話すハードルも下がる可能性があります。葬儀や法事などの供養は、苦しみが緩和して楽になる場であり、仏教の教えにある抜苦与楽そのものと言えます。

死者の力を借りて生きる文化

米国ニュージャージー州出身の三浦《みうら》グレッチェンさん（大龍寺《だいりゅうじ》・秋田県・曹洞宗）は、

住職夫人という立場に加えて、日本在住の外国人のグリーフケアを支援しています。母国の宗教文化との対比を通じて、日本独特の供養文化の素晴らしさを感じると言います。

「アメリカには日本のように、頻繁にお墓参りをしたり法事をしたりという習慣はありません。日本に来て気づきましたが、アメリカでは悲しみに蓋をしていると感じます。死者とともに生きるというよりは、悲しみは乗り越えていくもの、克服していくものであり、死者をいつまでも思っていることを、ネガティブに捉《とら》えているように思います」

もちろんアメリカでも故人の写真や遺品を飾ったり、命日近くにアニバーサリーとして家族が集まることはあるそうですが、その際に、教会での儀礼やお墓参りに行くことはないそうです。葬儀の際は教会に行きますが、死者のために祈るというよりも、生きている人のために祈ることが中心にある、と言います。

「法事やお墓参りはグリーフケアにとても大切です。日本人は、死者の力を借りて生きています。先祖供養をしている人は、先祖からいろいろな力を取り入れて、生きるエネルギーに変えています。法事などで出会う檀家さんの中には、バリバリにアクティブな人もいますし、とても優しい人もいます。そういう方々は供養を大切にしている人が多いです。

みなさん、自分一人では生きていけないということを分かっていて、今生きている周りの人との関係はもちろんですが、先祖との関係もとても大切にしています」

お墓参りや法事は日本人にとって自然な営みですが、それは死者の力を借りて生きていることであるという指摘は、とても鋭い洞察です。多くの僧侶から「一人ひとりにとって最高のパワースポットは先祖のお墓」と聞いてきましたが、盆・暮れ（年末年始）・彼岸に代表されるように、私たち日本人は季節の折々に死者の力を借りに行く生活習慣を文化の中に織り込んできたと言えます。

大切な家族が亡くなった悲しみを克服していくのではなく、どこかに残り続ける悲しみとともに歩みながら、仏となった故人を長い年月をかけて先祖という存在に昇華させ、先祖との交流を生きる力に変えていく。それは悲しみや感謝などのさまざまな感情とともに先祖や故人を思う私たち自身が、実は先祖や故人から案じられている存在であるという、相互互恵的な関係を育む営みとも言えます。

日本人は遥か昔から、日本流のグリーフケアとして、葬儀や法事などの供養文化を発展させてきました。「自分一人の力で生きていく」「命はこの世だけ」という自分のエゴに閉じた価値観が強まる昨今ですが、「死者の力で生かされていく」「命はあの世にも続いていく」という先人たちの生きる知恵を、現代人は見直すべき時なのかもしれません。

人格の記憶

故人を亡くした悲しみとともに歩む中で、故人はどのように記憶されていくのかというテーマが浮かびます。宗教学者でもあり『歎異抄 救いの言葉』（文春新書）などの著書もある釈徹宗《しゃくてつしゅう》住職（如来寺《にょらいじ》・大阪府・浄土真宗本願寺派）は、次のように語ります。

「現在増えている家族葬は、故人の人格を限定的な記憶に閉じ込めています。亡くなった人は、家族に見せる人格だけでなく、働いていれば社員としての人格もあり、交友範囲の中では友人としての人格があります。幼少期に表れていた人格や、老いてからの人格もあります。家族に見せる人格は誰もが部分的なものであり、家族葬によって参列者が限られると、故人の人格が総体として浮かび上がる機会が失われます」

釈住職は数年前に母を亡くされ、その際に、亡くなった後に分かった母の素顔に多く接したそうです。

「母が往生した後、お参りされる方から母の知らない一面をたくさん聞きました。家族でも亡くなった後に分かることがたくさんあり、人間の理解には時間がかかるということを痛切に感じました。葬儀だけでなくその後の法事などの一連の供養のプロセスは、故人の人格を明らかにする作業でもあります」

家族が想像する以上に、亡くなった人の人格はとても多様です。その人格を多面的に明らかにして記憶することは、故人の人生に敬意を払うことであり、供養の重要な意味と言えます。人格の記憶は、言い換えれば「忘れないこと」です。

人間は二度死ぬと言われます。一度目は身体的な命を終えた時、二度目は記憶が忘れ去られた時です。故人の尊厳という点では二度目の死こそ本当の死であり、供養は人格の記憶を通じて「忘れないこと」を故人に約束し続ける営みと言えます。

一方、家族葬などでの葬儀の縮小化・簡素化は、コロナ禍を経てさらに進みました。家族葬が全体の半数を超えたというデータもあります。社会情勢や公衆衛生上のルールによるやむをえない家族葬も多かったと思われますが、事実として家族葬が増えたことで膨大な数の参列機会が失われました。今後はお別れ会や偲《しの》ぶ会などの弔い直しを通じて、遺族や参列者がお互いに知らなかった故人の在りし日の素顔や人柄を確認する、葬儀とは異なった機会が増えていくかもしれません。

そして、人格の記憶に関する伝統的な手法として戒名が挙げられます。故人の記憶を数文字に凝縮する戒名の効用や利点については、第四章で詳述します。

時間軸の長さ

葬儀や法事に参列した際に、「なんで、じっと座っていないといけないのだろう」と苦痛を感じたことがある方は少なくないと思います。便利な手段が発達する現代において、亡き人を偲ぶやり方がいろいろと考えられるにもかかわらず、一見非効率に見える供養という儀礼はなぜ残り続けているのでしょうか。

実は、この非効率に意味があります。非効率な供養という儀礼にあえて身を置くことで、私たちの時間軸を肌感覚として伸ばす効果があります。釈住職は次のように話します。

「時間軸を伸ばすことは現代人にとって最大のテーマではないでしょうか。物理的に流れる客観的な時間のクロノス（定量的な「時」）と、たとえば退屈な会議に出ている時に時間がとても長く感じる、心に流れる主観的な時間のカイロス（主観的な「時」）で言えば、現代人はカイロスがどんどん短くなっています。すぐにイライラしてしまうのは現代人の抱える病気とも言えるのではないでしょうか」

現代はＩＴの発達でさまざまな作業をすぐに完了できます。交通手段も発達して移動もすぐにできますし、電気もスイッチ一つで点灯します。生活のあらゆる場面に浸透したテクノロジーを有効活用することでクロノスはたくさん余り、現代人は本来もっとのんびりして暮らせるはずです。

しかし、現実は逆です。空《あ》いたクロノスをめがけて、あふれるマーケティングメッセージが生活を覆《おお》い、雑多な物事が隙間の時間を埋めていきます。結果的にクロノスの隙間がなくなることで余裕が失われ、行列に並ぶのを嫌ったり、すぐに結論を求めたり、時間がかかることに我慢できなくなります。物理的な時間はごく短く些細なことであったとしても、イライラが募《つの》りやすくなります。

つまり、カイロスを縮める装置にあふれた現代に生きる私たちは、普通に暮らしていればカイロスが縮んでイライラが募る罠《わな》にはまる可能性が高く、結果的に他者にも不寛容になり、生きづらさを抱えていくことになります。そして、コロナ禍によってカイロスはさらに縮まってイライラは募り、社会全体としても不寛容さが増していると言えるのかもしれません。釈住職は縮まったカイロスを伸ばすための、儀礼の効用を指摘します。

「はるか昔から続いてきた宗教儀礼に身を置くことは、人類という時間軸に身を置くということです。儀礼を通じて過去に時間を伸ばし、未来に時間を伸ばす。そのためにも葬儀や法事などの儀礼はポジティブな意味で前例踏襲であるべきです。

祖父母やそれ以前の先祖の時代からずっと前例踏襲で続いてきた宗教儀礼に身を置くことで、カイロスは自然と伸びます。自分を儀礼という型にはめることで、自分の意思やエゴが強制的に横に置かれ、先祖や先人たちに思いを馳せる。過去の他者への思いは、未来の他者への思いの写し鏡です。私たちも過去に生きた人々の営みのおかげで暮らせているわけですし、過去への感謝は、私たちがこれからの命のために何をなすべきかという未来への思いと相似形で見るべきでしょう」

以前に山陰のある地域を訪れた際、二百五十回忌という法事が行われている事例を知りました。間違いなく今を生きる人が出会ったことのない先祖の供養です。一方、都市部では法事の回忌がどんどん短くなっています。一周忌、三回忌を執り行わない家族も珍しくはないでしょう。

現代は生者の寿命がどんどん長くなるのに反比例して、死者の記憶という観点では都市部を中心に死者の寿命が短くなっています。先述のように人間は二度死にますが、本来は時間的に離れていた一度目と二度目の死がどんどん近接し、亡くなってすぐに完全な死を迎える人が増えていると言えるのではないでしょうか。

短くなったカイロスによって、命の連綿としたつながりを意識しにくい時代です。日常の短期的な時間軸や自分都合のエゴと強制的に離れる供養は、カイロスを伸ばして命のつながりを感じるセンスを回復する一つの有効な営みなのかもしれません。

供養と幸せ

本書の取材を重ねる中で印象に残ったのは、多くの僧侶が供養と幸せの関係について言及したことでした。

長い間法事を勤める人は他者から幸せに見えるとともに「長く法事を勤めてよかったな

ある」と自ら口にされる場面に多く触れるそうです。亡くなられた故人を気遣い、供養を重ねるうちに、自然と感謝にあふれる生活になるのかもしれません。「相模善光寺《さがみぜんこうじ》」とも呼ばれる最明寺《さいみようじ》（神奈川県・東寺真言宗）の加藤有教《かとうゆうきよう》住職も、次のように語ります。

「亡くなった人にまで気遣いや思いやりができる人は、生きている人にも思いやりがあると感じます。檀家さんを見ていると、仏さまや先祖への対応は、その人の周囲の対人関係と一致しているように見えます。五十回忌まできっちりやる人は、細かなことに手を抜きません。だから、日常生活でも仕事でも周囲の人との円満な関係が作られ、幸せな人生を送ることができるのではないでしょうか。供養で見える気遣いや真摯《しんし》な姿勢は一事が万事で、人生のいろいろな側面につながっていると思います」

生きることに伴《ともな》う悩みの多くは人間関係に起因しますから、対人関係に憂《うれ》いが少なくなることは幸せの一つの要件と考えられます。過去の見えない人への気遣いは、生きている周囲への気遣いとつながるという加藤住職の指摘は、過去と未来への思いが相似形であるという釈住職の話とも重なります。先祖への向き合い方は、周囲の人々との関わり方も含めた、自分自身の人生への向き合い方を映す鏡なのかもしれません。

生きとし生けるものへの感謝

先祖供養と幸せのつながりを考える前提として、そもそも幸せとはどのような状態を指すのでしょうか。近年はウェルビーイングの世界的な潮流に加え、幸福学という研究分野も発展しています。それらの知見に基づくと、幸せな状態とは、面倒で面白くなかったとしても、やらなければならないことに取り組むことができる状態を指します。

考えてみれば、供養を面白く楽しいと思う人はいないでしょう。どちらかと言えば、けっこう面倒なことでもあります。法事であれば、親戚やお寺と日程調整したり、当日のお供物を準備したり、喪服を着たり、法要後に食事をする場合はお店を手配したり、多くの手間がかかります。また、仏壇であれば、お供え物を日々あげたり、こまめに掃除をしたり、こちらも手間がかかります。供養は手間の積み重ねですし、他人から素晴らしいと評価されることでもありません。供養を長年続けることは、陰徳をずっと重ねることを習慣化していくことと言えます。

「梁《りょう》の武帝《ぶてい》は、禅宗を開いた達磨《だるま》大師に『先祖供養はどれほどの功徳があるか？』とたずねたところ、達磨大師は『無功徳（功徳はない）』と答えました。供養はスタート時点の心持ちが大切です。自分のメリットのためにやる供養は、供養になりません。自分の深いところ、計算していないところから自然に湧いてくる感謝の気持ちや行為が重要です。たくさんの亡くなった檀家さんをお送りしてきましたが、見返りを求めず丁寧にしっかり供養し続けている檀家さんは、間違いなく幸せに見えました」

四天王寺の倉島住職は、手間を惜しまず供養を日々続ける中で感謝の気持ちが育まれ、ささやかなことでも幸せを感じやすい生き方になると語ります。そして、四天王寺では写真供養、植木供養、入れ歯供養、人形供養、着物供養など、いろいろな供養が伝統的に営まれています。

「自分の人生に関わったものを捨てる時、壊れたものにも感謝する。先祖以外にも手間をかける供養を通じてあなたの気持ちに感謝が育まれます。生活でお世話になったものを感謝の気持ちで整理するうちに、生活空間を超えて戸外の自然や生き物にも自《おの》ずと目が向くようになるはずです。先祖や身の周りのものだけでなく、生きとし生けるものへの感謝の気持ちが芽生《めば》えた人が幸せでないわけはないでしょう」

先祖供養を通じて育まれる感謝の気持ちが、生活空間や自然界にも振り向けられ、結果として幸せを感じやすい人生になっていく。幸せを摑《つか》むとしばしば言われますが、私たちは幸せは能動的に得るものと思いがちです。しかし、幸せを手に入れるというよりも、幸せを感じられる心を手に入れることが幸せの本質であり、供養はその重要なことに気づかせてくれる営みなのでしょう。

命のつながりの確認

葬儀・法事をはじめとした冠婚葬祭は、家族・親戚が集う貴重な機会です。特に定期的な冠婚葬祭は法事だけです。「久しぶりねぇ」「大きくなったわねぇ」といった近況報告が行われる法事は血縁者の同窓会とも言えます。お経や儀式だけでなく、何気ないやり取りを通じてお互いのつながりを確認するのが法事の価値だと品田《しなだ》泰峻《たいしゅん》住職（普賢院《ふげんいん》・青森県・真言宗豊山《ぶざん》派）は指摘します。

「定期的に親戚同士が再会し、お互いが等しく歳《とし》をとっていることを確認し合うだけで、なんだかホッとするものです。小さなお子さんの泣き声などを気にされる方もいますが、子どもたちがいることで、『私たちはひとりじゃない』『命はきちんと過去から受け継がれて未来につながっていく』ということを肌で感じられます」

お互いの家族の状況を定期的に知るという点で、ファミリー企業は法事を大切にする傾向があると聞きます。相続対策のために株式を分散して持ち合うファミリー企業は多くあり、同族の内輪もめで株式が散逸するなど、経営への悪影響を避けるため、お互いの状況を確認し、意思疎通できる機会を大切にするようです。特に先祖あってこそのファミリー企業でもあるため、法事は特に重視されるのでしょう。命のつながりを確認することは、結果的に経済面でも大切と言えます。

「家業の3代目を継がれている檀家さんがいます。法事がとても丁寧で、お寺とお墓とご自宅に行き、それぞれの場所でお経をあげます。30~40名の家族・親戚全員が、3カ所すべてに行きます。そのたびに何台も車が連なり、壮観な眺めです。3代目は、亡くなられた2代目の父親をとても大事にされています。生前の介護だけでなく、親が亡くなってもその面倒を子どもが見るということを、自身の姿でお子さんたちに示していると感じます」

こう語るのは西念寺《さいねんじ》（広島県・浄土宗）の正木耕太郎《まさきこうたろう》住職です。先祖があってこそ自分たちがいて、先祖が興《おこ》した家業によって自分たちも生きているという感謝を、その檀家さんからは感じるそうです。

「施主となる3代目の方は兄弟も多いため、全員が集まることに重きを置かれています。法事の後の食事で、家族・親戚が一堂に集まってワイワイと楽しく話している光景を、満足そうに見られている表情がいつも印象に残ります。お子さんの代に継承しても、みんなで集う家族の文化を引き継いでいただきたいですね」

龍泰寺《りゅうたいじ》（岐阜県・曹洞宗）の宮本覚道《みやもとかくどう》住職は、法事は「自分はけっして一人ではない」ことを確認する場でもあると語ります。

「モノやお金が満たされることが幸せという考え方もあるでしょう。でも、本当の幸せは、自分の存在が承認されること。自分はけっしてひとりじゃないんだと感じられることではないでしょうか。亡き人とのつながりという縦糸、久しぶりに再会した家族や親戚、時には友人・知人とのつながりという横糸。法事は、この縦糸と横糸という二つのつながりの糸を編み込むために行うものです。法事をすることで、自分がたくさんの人とつながっていることを実感でき、自らの存在が承認されることを感じられるのです」

私たちは誰もが、縦糸と横糸が折り重なる交差点に生きています。そして、その折り重なる交差点がまったく同じ人は誰もいません。兄弟姉妹であっても、生まれた順番によって縦糸は異なりますし、生きている中で育まれる友人・知人との横糸も異なります。誰一人として同じ交差点に生きる人がいないとすれば、一人ひとりがあなただけの尊い存在です。

だからこそ、誰もが生きているだけで「有難い（ありがたい）」存在であり、そのありがたさに気づけた時、先祖や同時代に生きる人々への感謝（ありがとう）が自然と湧いてくるのではないでしょうか。縦糸と横糸のつながりの中に自らの命を確認していくことが、葬儀・法事をはじめとした供養の意義と言えます。

レジリエンス（精神的回復力）を高める

ここまで、供養のさまざまな役割や効用を見てきました。キーワードをまとめます。

・善く生きる誓い
・追善
・精神衛生
・グリーフケア
・死者の力を借りて生きる
・人格の記憶
・時間軸を伸ばす
・生きとし生けるものへの感謝
・命のつながりの確認

お経を唱え、故人に手を合わせるくらいに見える葬儀や法事の供養には、実はさまざまな価値が詰まっています。そしてその価値の組み合わせや比重は、人によって異なりますし、時間の経過によっても変化していくでしょう。

大切な人が亡くなられてしばらくの間は「精神衛生」や「グリーフケア」の比重が高い

と考えられますが、時間の経過とともに「追善」や「善く生きる誓い」、そして「死者の力を借りて生きる」ことの比重が増し、その先に「命のつながりの確認」や「生きとし生けるものへの感謝」など、自らを取り巻くより広い命に対する温かな視座が育まれていくと考えられます。

供養は一つの価値に収斂《しゅうれん》するものではなく、その価値は多様で複合的であり、時間とともにグラデーションのように変化していきます。その変化を感じていくことは、自分自身の心身や境遇の変化を感じることにも通じるはずです。つまり、供養は死者とのつながりを縁《えん》として、自らの生き方を振り返って見つめ直し、自らを超えた命への感謝が育まれ、結果として幸せを感じやすい心に成長していく営みであると言えます。

そして、供養という営みを日常生活にルーティンとして組み込むことで、生活の中で何かが起きた時にも心身のダメージを緩和し、供養が人生のバランサーとして機能します。人生に供養という柱を加えることで、強さとしなやかさが養われ、レジリエンス（精神的回復力）を高めることにつながります。現代のように激変する時代だからこそ、供養はその本領を発揮すると言えるのではないでしょうか。

第二章

変わりつつある供養

慣習としての仏式葬儀

供養には葬儀・法事などのいろいろな形態がありますが、まずは供養を象徴する葬儀についてて見ていきます。葬儀については、第一章でも挙げた生活者調査では75%の人が、「心の整理」「区切り」「けじめ」などの理由から葬儀の必要性を感じています。

一方で、葬儀において、宗教的な価値観・意味づけが必要だと思う人は33%とガクッと減り、必要だと思わない人が67%と多数派になります。

・宗教の意味合い自体が薄れてきているから。（男性・50代／愛知県）
・宗教的な意識・感覚はあるが実生活とは結びついていない。（男性・60代／東京都）
・簡素に身内だけで送りたい。（男性・70代／宮城県）
・家庭によって違うだろうが、あまりそういうことにこだわりがないようなら、多少は自由にしてもいいと思う。（女性・40代／山形県）
・子孫に面倒をかける。（女性・60代／北海道）

（出所：一般社団法人 お寺の未来総合研究所「葬儀・お墓に関する生活者調査（N＝1，00

0）」2018年8月実施）

葬儀に宗教性が必要だと思わない理由としては、「意味合い・生活面での希薄化」「簡素に身内だけ」「こだわりがない」「面倒をかける」などが挙げられています。葬儀は仏教式が8割以上を占めていますが（出所：一般社団法人 全日本冠婚葬祭互助会「全互協 冠婚葬祭1万人アンケート」2016年実施）、意識の面で仏教式でなければならない必要性というよりは、過去からの社会的な慣習によって継続されていると言えます。

原初的な死生観

意識的選択ではなく、慣習による選択として仏教式で営まれている葬儀ですが、そもそも人々の死生観はどのように変化しているのでしょうか。「体系化された宗教の死生観の力が弱くなり、よりシンプルかつ素朴な感覚の、原初的な死生観が強く表れるようになっている」と言及するのは如来寺の釈住職です。

「それぞれの宗教が生死を超えるストーリーを持っています。たとえば仏教では輪廻《りんね》や極楽往生、キリスト教では神の裁《さば》きや天国。それらの体系化された死生観が、強い説得力を持たなくなっています。その代わりに亡くなった人はどこかに行っていて、たまに私たちのもとに帰って来るという素朴な感覚は、多くの人がしっくりきていると感じます」

体系化された宗教の死生観が力を失ってくる中でも、日本古来の宗教的なストーリーは力を失わず、無意識的にでもゆるやかに共有されているという点は、興味深い指摘です。

「お盆は仏教行事が由来ですが、亡くなった人が私たちのもとに来て、そして送るという考えは、仏教には本来ありません。山間部に住む人にとって死者は山にいて、海岸部に住む人にとって死者は海にいます。東日本大震災が起きた年のお盆で、自分の家が復旧していないのに、海岸に高提灯《たかちようちん》を立てている光景を見ました。帰って来る先祖が迷わないようにしているのです。古代からの海と山の死生観は、現代でも各宗教の言説よりも広く共有されているのではないでしょうか」

仏教やキリスト教のような強力な論理体系を持った宗教が到来しても、根底にある日本古来の死生観は壊れていません。今までの根源的な死生観を覆ってきた体系的な宗教の力が弱くなっているとすれば、私たちは日本文化の根っこにある死生観に気づきやすい時代になっています。死者との関係性を育むために残すべき営みは残し、新たに加えるべき営みは加えるという、現代的な供養のあり方を再構築する時期に到来しているのかもしれません。

狭まる家族の範囲

それでは現代的な供養の形として、供養の現場ではどのような変化が起きているのでしょうか。死生観に関するワークショップに精力的に取り組む本休寺《ほんきゅうじ》の岩田親靜《いわたしんじょう》住職（千葉県・日蓮宗）は次のように語ります。

「会ったことがある人は大事という感覚は、多くの人が持っています。一方で、会ったことがあるおじいちゃんには泣くが、会ったことがないおじいちゃんには泣きません。自分にとっての先祖という感覚が縮まっています。同じ生活空間にいた人は大事に思うものの、それ以外の人も大事という感覚は薄くなっています」

生活空間をともにした人以外は家族と感じにくくなっている現代人は、家族の範囲が狭まっていると言えます。

法事の回忌数

問：あなたは、亡き人を弔う法事はどこまで行うことが必要だと思いますか？

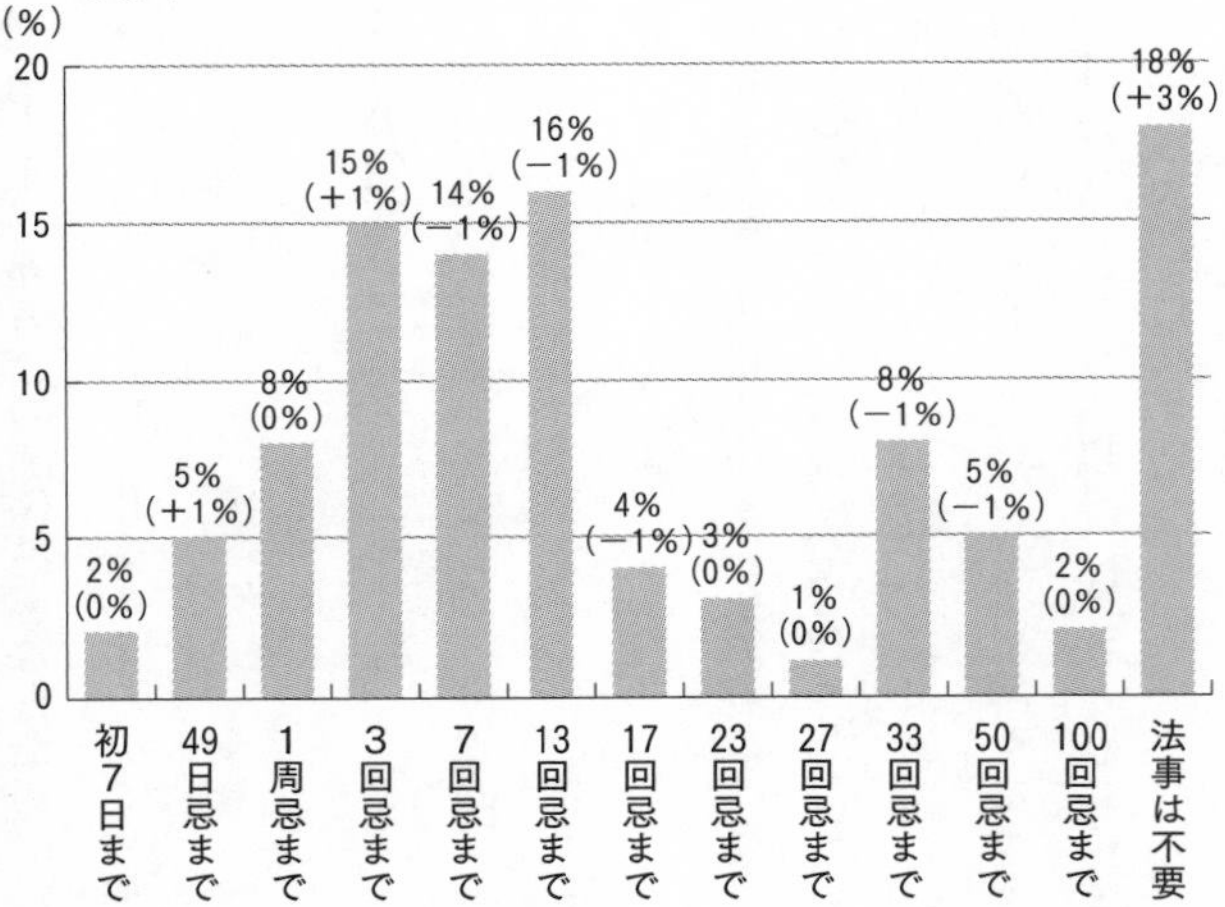

※カッコ内は前回調査(2016年)との比較

出所：一般社団法人 お寺の未来総合研究所「寺院・神社に関する生活者の意識調査(N＝10,000)」(2021年実施)

「供養の目線が短くなっています。供養したいと思う相手は3世代を超えないのが、一般的になっています。父、祖父までは供養するものの、ひいおじいちゃんは登場しません。25年前は百回忌や五十回忌がありましたが、今はどんなに長くても三十三回忌がせいぜいです。十三回忌から三十三回忌に一気に飛び、その後は個別の名前を塔婆に書かず、先祖代々と書く1本の塔婆にまとめるケースも増えています」

実際、全国の1万人を対象とした生活者調査では、2016年と2021年の比較で法事の回忌が短縮化していることが、うかがえます。「亡き人を弔う法事はどこまで行うことが必要だと思いますか？」という問いに対して、七回忌を超える回答は5年間を経て減少しました。逆に三回忌までという回答が増えるとともに、法事そのものが不要と答える人が増えました。主観的な時間の長さを表すカイロスは、現代人において着実に短くなっていると言えます。

家族形態が供養の変化を促進

法事の回忌が短期化している背景として、家族形態の変化があります。核家族ですら今や昔で、現在は単身世帯が3割強と最多を占め、すでにお一人さまの時代に突入していきます。2人世帯も3割となっており、お一人さまとお一人さま予備軍の世帯が全体の6割強を占める世の中になっています。

また、コロナ禍によって首都圏を中心とした都市部への人口流入は抑制され、UターンやIターンも増えていると言われますが、都市部に人口が偏在している状況に大きな変化はありません。

世帯のお一人さま化と、人口の地域的偏在は当然供養にも大きな影響を及ぼします。生者が死者を支える供養の構造は、生産年齢人口が高齢者を支える社会保障の構造と同じです。支え手が多い時は成り立ちますが、支え手が少なくなれば何らかの変動を余儀なくされます。すでに進展している多死社会において、供養の支え手となる生者は相対的に死者よりも少なくなり、さらに支え手の居住地域も遠隔に分散するケースが多くなります。

そうなると、長年にわたって一定の頻度で供養し続けることが、困難になります。法事を短い回忌で終えたり、何人かの先祖の法事をまとめて行うことが自然に起きます。

「親戚関係で行っていた儀礼が、夫婦だけ、施主だけになる流れはすでに起きています。お坊さんが、こうしなければいけないと押し付けるのはプレッシャーになるので、やりたいけどできない事情を理解する必要があります。家の事情に合わせて供養の方法を変えるのは、儀式そのものをやめるよりは遥かに良いです」

こう語るのは四天王寺の倉島住職です。供養も時代に合わせて柔軟に変化していく必要

法事は間違いなく減る(➡構造的に無理がある)

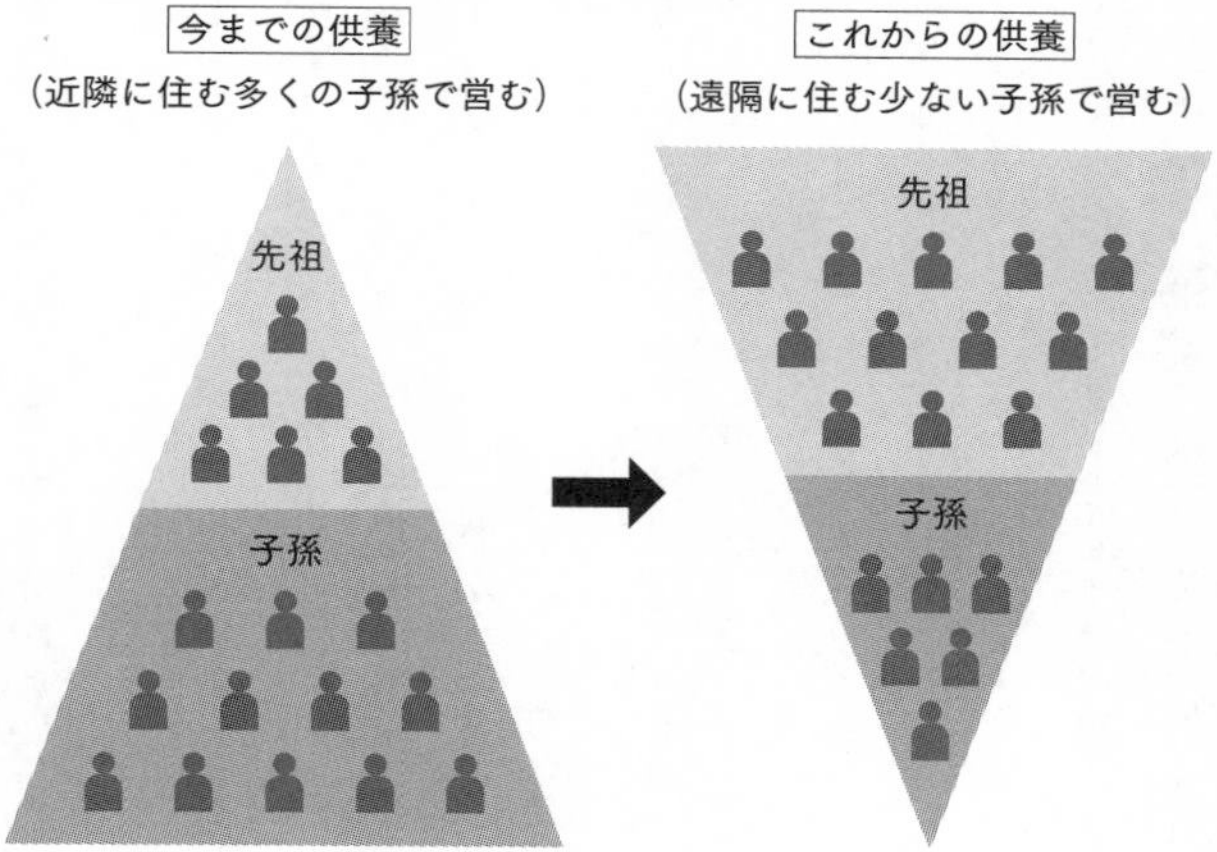

があると指摘します。一方で、なんでも柔軟に形を変えればよいというわけではなく、供養の意味については大切にしてほしいとも。

「本来は葬儀後に営まれる初七日の法要を、葬儀と同じタイミングにまとめる風潮が出てきています。そして、人によっては六七日《むなのか》や四十九日（七七日）もまとめることを要望されます。そのことは、四十九日の意味がしっかり理解されていないことを感じます。故人が暗闇の中をさまよい、七日ごとに諸仏から知識・知恵を授かり、四十九日目に薬師如来《やくしにょらい》の導きによって成仏していくという大切な意味と時間の流れが、法要にはあります。まずは施主や遺族が儀式の意味を理解し、その上で事情に応じた対応をどうするかということをお寺と一緒に考えていくことが大切でしょう」

心は形を求め、形は心を進める、という言葉があります。亡き人をねんごろに供養したいという数多《あまた》の心が、長年の歴史の中で丁寧な意味性を伴った儀式を形作ってきました。たとえば、通夜は人生の卒業式、葬儀はあの世（浄土）の入学式の意味もあると聞いたことがあります。しかし、これからは通夜が行われないことも増えるでしょうから、儀式の意味も変わっていくかもしれません。心と形は供養の両輪ですが、形が急激に変化していく現代においては一歩立ち止まり、供養の意味性を確認しながら、現代に合った儀式の形を具体化していく必要があるのでしょう。

住職夫人として寺院運営に尽力するだけでなく、終活カウンセラーとしても全国各地で講演活動を行う専求院《せんぐいん》（青森県・浄土宗）の村井麻矢《むらいまや》さんは、突然やって来る親の死に動揺する人が増えていると指摘します。

「地元を離れて都市部で働く子ども世代は、介護なども含めて親の状況が分かっていません。久しぶりに実家に来たら親が寝たきりになっていたり、極端な場合は久しぶりに会うのがすでに棺桶《かんおけ》の中の親、ということもあります。地方出身で都会に住む人は肉親の死が急に来るので、びっくりして気が動転し、実感が湧かないという人が確実に増えています。その結果、インターネットの情報に惑《まど》わされたり、中には良からぬ葬儀社と契約してしまい、葬儀やお墓が好ましくない結果になることも珍しくはありません」

核家族や単身化など、家族の少人数化が進む中で、供養の方法が現代人に伝わっていない現状があります。急に死に直面して親の供養をどうしようかと右往左往する人が増えるのは、必然の流れと言えるでしょう。

「無理にでも親と連絡を取ったり、無理にでも死を意識する習慣が必要です。それをしないと結局困るのはその人自身になります」

家族と離れ、地域との関係性も希薄化し、死が日常生活から遠ざかる現代に生きる私たちは、年齢をどれだけ重ねても死を適切に受け入れていく作法が育まれない状況にあります。死を想《おも》うことは生き方を考えることにつながると言われますが、死を感じたり意識する習慣を日常生活に取り入れる知恵と工夫が求められています。

ビジネスも儀式の変容を促進

昨今は地域で葬儀を担《にな》う葬式組のような地域力はほぼ消滅しているため、葬儀のオペレーションは葬儀社が担います。多死社会で葬儀は増え続け、昨今はコロナ禍も重なる中、心ある良質な葬儀社の頑張りが日本の供養を支えています。昼夜を問わない業務、繊細な感情下にある遺族への配慮、宗教者や関係業者との円滑な連携など、しっかりとした使命感を持っていないと務まらない仕事です。

コロナ禍以前から枕経《まくらぎょう》、通夜、葬儀、初七日という定番の流れは崩れてきています。葬儀社もビジネスですから案件を取るために必死です。時代の変化に応じながらも葬儀ホールの稼働率を上げるために、家族葬や通夜のない一日葬を積極的に施行するようになりました。そして、コロナ禍によってホールを持たない葬儀社は、火葬炉の前で読経のみを行う火葬式の案件を多く取るようになっています。簡素化した結果として、本来的な儀式を伴わない葬儀が増えています。

人生で葬儀の喪主を経験する機会は限られますから、ほとんどの人にとって葬儀に関する予備知識がないままに葬儀を執り行うことが求められます。たとえば戒名はそれぞれの宗派が大切にする浄土という安息の場所に行くためのパスポートのようなもので、授戒《じゅかい》という儀式を経て本来は授かるものです。授戒は、仏教式の名前（戒名）を授かることで、故人が迷わずに浄土に赴《おもむ》けるように祈る儀式です。しかし、火葬式のプランに戒名が含まれていたとしても、実際には授戒の儀式は行われないことが多くあります。

葬儀は死者が迷わないよう、長い歴史の中で確立してきた儀式ですが、宗教的には葬儀式として成り立っていない葬儀もあります。仮にかかりつけのお寺を持っていれば、葬儀費用が難しい際には、火葬した後に本堂で骨葬《こつそう》（お骨の状態で葬儀を執り行う）を行うなど、遺族に寄り添った対応をしてくれるでしょう。喪主の知識や経験が浅いことに加え、宗教的な理解が不足している葬儀社も存在しているため、両者が相まって葬儀の簡素化が進みやすい現状と言えます。

供養の正しさという不安

供養の変容が進む現代において、現場ではどのような変化が起きているのでしょうか。

「私の父はどこにいるんですか？　と、葬儀の合間にストレートに質問されることが増えている」と語るのは、樹木葬墓地が人気を博している本立寺《ほんりゅうじ》（東京都・日蓮宗）の中島岳《なかじまがく》大《だい》副住職です。

「墓地を新規で契約する人の中に、葬儀社のアドバイスにしたがって自分たちなりに葬儀をしたものの不安を感じるのか、『本当に成仏《じょうぶつ》できているんですか？』と確認してくるケースが増えています。故人が物理的に亡くなっても、その先の死後の関係性を求めているため、正しさを確認したくなるのでしょう」

今までお寺とご縁を持たなかった人にとっては供養における定番の形がないため、正しさについての不安を吐露する場面が多く見受けられるとのことです。感応寺《かんのうじ》（東京都・浄土宗）の成田淳教《なりたじゅんきょう》住職も次のように指摘します。

「供養の形が多様化し、自由化しています。時代の流れもあり、自分だけの考えで供養している人が、ふとした時にお寺に来ます。自分がやっていたことは供養になっていたのかと聞いてきます。供養という、目に見えない営みを自分だけの考えでやっていると不安になるのでしょう」

3世代家族から核家族に変化し、現代は世帯の単身化が進んでいます。家族がともに過ごす時間が減り、仏壇のない家も増え、供養という営みが生活空間から失われていく流れが進みました。その流れで「同居していなかった故人を供養する意識が薄くなっていると感じていましたが、近年は供養の機会を通じて、よく知らない故人とのつながりを再確認しているように感じられます」と、成田住職は語ります。

「たとえば、子どもの頃に遊んでもらったきり会っていなかった伯父さんが亡くなり、他に身寄りが無いため葬儀の喪主を務めなければならなくなった場合でも、一生懸命に小さい頃を思い出してお話をしてくださる方がいます。先立った親戚や家族と極楽浄土で再会できるというお話をすると、それを想像して安心を感じられるようです」

自分と最も近い存在であるはずの家族の範囲が小さくなる時代ですが、逆説的に家族とのつながりを望む欲求が無意識の中で膨らんでいるのかもしれません。

供養を通じて死者となった家族とのつながりを確認しようとする営みは、「はじめに」でご紹介した、夏目漱石が喝破した現代社会の淋しさに対する本能的な抵抗なのかもしれません。

台頭する「あの世」観

「新型コロナが流行《はや》り始めてから、自分が死んだらどうなるかを考える人が増えていると感じます」

こう語るのは超覚寺の和田住職です。コロナ禍に入り、お墓のお花が増えたそうです。

「お寺にとって20代から50代は若い世代ですが、死後の世界を馬鹿にしていないと感じます。コロナ禍で死が身近になって、ご先祖さまにすがりたい気持ちもあるのでしょう。その延長線で、ご先祖さまがどこにいるのか気になるのだと思います。お寺としては、以前に比べて極楽浄土の話を堂々と話せるようになってきています。死んだら無になるのは嫌で死後の何らかの物語を信じたい、コロナにかかっても物語があることで安心できる、という雰囲気を感じます」

台頭するあの世観は、実際にデータにも表れています。統計数理研究所が実施している「日本人の国民性調査」によると、1958年は若い世代ほどあの世を信じない傾向がありましたが、2013年には高齢世代ほどあの世を信じない傾向になっています。

一方、今は若い世代ほどあの世を信じる時代になっており、60年の時を経て世代の逆転現象が起きています。妙慶院《みょうけいいん》（広島県・浄土宗）の加用雅信《かようがしん》住職は次のように述べます。

「団塊以上の世代は戦後の日本を作り直さなければいけませんでした。私たち世代はその多大なご尽力の恩恵を受けています。ただ、さまざまな現場の第一線で懸命に頑張られた反動でしょうか、自分しか信じられなくて目に見えないものは信じない傾向があり、死んだら終わりと考える方が多いと感じます」

現在の高齢世代は、戦後の高度成長やバブルなど、日本史上空前の物質的な繁栄を遂げてきた時代と人生をともにしてきました。その影響で即物的な価値観が強く、目に見えないものを信じにくい価値観を持つ世代と言えます。実際、全国を回って各地の住職と話す中で、「お寺や仏教の価値や魅力について団塊以上の世代とコミュニケーションするのが難しい」という共通の声が聞かれます。

別のデータでは「お天道様への意識」も高齢世代ほど低くなり、あの世観と同じ傾向を示します。２０１０年代以降のこの10年間で家族葬や火葬のみの直葬《ちょくそう》が急激に台頭したのは、伝統的宗教観が相対的に希薄な世代が葬儀の喪主を務める時代になったことと無関係ではないと考えます。加用住職は次のようにも指摘します。

「一方で20代の人と話すと、仏さまや極楽の話がスッと入っていきます。子どもの頃から、異世界ものの漫画や映画、ライトノベルなどに触れ、インターネットやSNSは生活の一部ですし、広がりつつある仮想現実の世界も自然な感覚なのでしょう。その土壌があるからこそ、あの世の存在も自然なこととして受け止めてくれています」

あの世観について、個人的には興味深い経験があります。2017年に東京大学の大学院生約30名に講義をする機会がありました。「資本主義社会におけるお寺の可能性」と題し、台頭するあの世観に関するデータを紹介しました。学生と交流できる貴重な機会なので、「みなさんの中で、あの世を信じる人はいますか?」と問いかけたところ、驚くことが起きました。

最初は手を挙げる人は少数でしたが、遠慮がちに恐る恐る手を挙げる学生が少しずつ増え、最終的には8割程度の学生が手を挙げたのです。その講義は文系だけでなく理系の学生も受講しており、東京大学ですから科学的な思考の訓練を相応に受けているでしょう。講義のテーマであるお寺に関心を持つ学生が多いだろうという前提はありますが、科学では証明しにくい「あの世」を信じる学生が多数派だったという事実に衝撃を受けました。

あの世を信じるか？

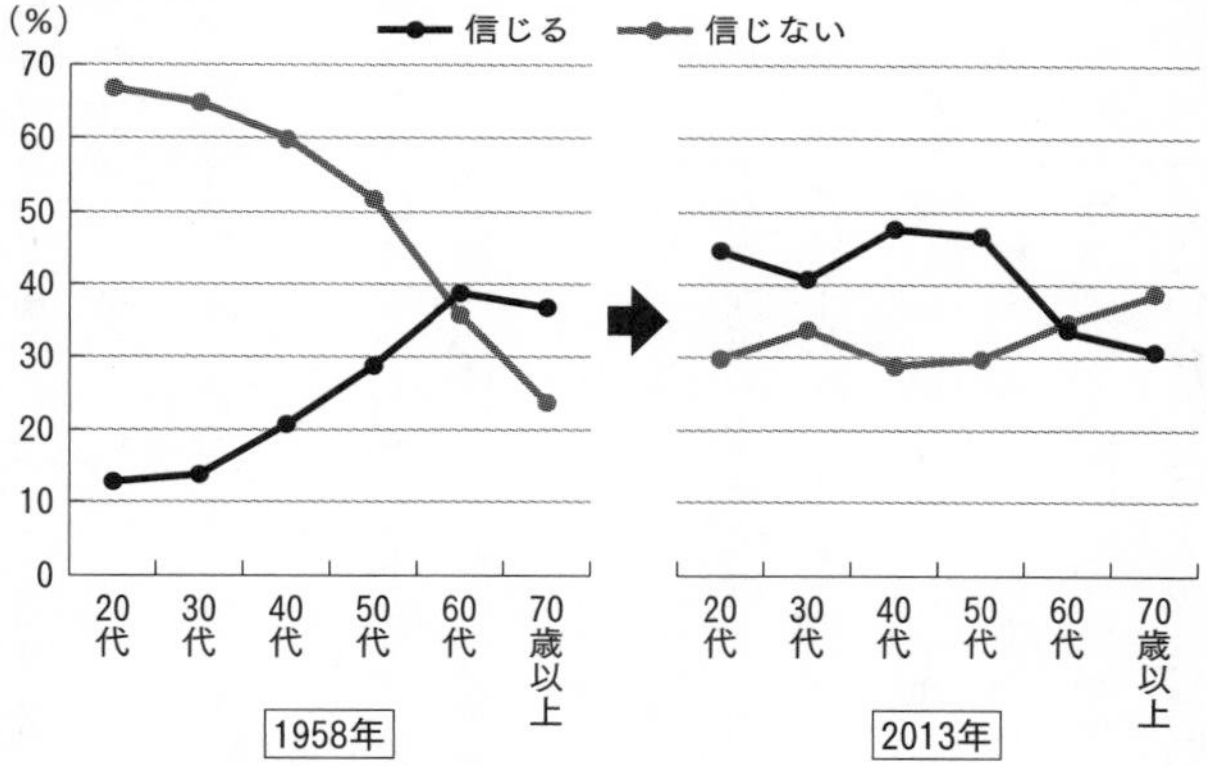

出所：統計数理研究所「日本人の国民性調査」

高齢者ほど「お天道様」への意識が弱い

問：悪いことをすれば必ずむくいがある

答：そう思う

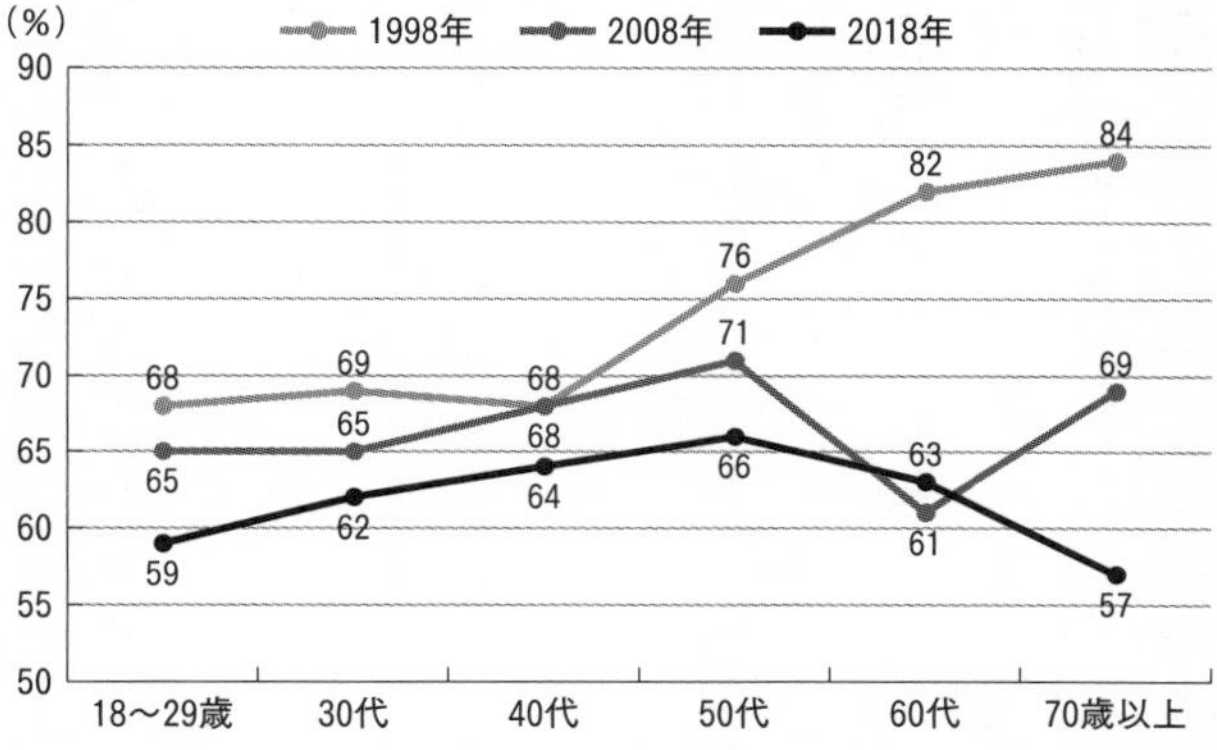

出所：NHK放送文化研究所「ISSP 国際比較調査『宗教』・日本の結果」(N＝1,466)

当時はあの世観にあふれる映画『君の名は。』が大ヒットした直後で、何度もリピートして映画を観た若者も少なくなかったと聞きます。多くの手が挙がる眼前の光景に、若年世代の価値観の大きなうごめきを感じました。

講義を受けた学生が生まれたのは１９９０年代以降。バブルは崩壊し、物心がついた頃に日本社会はすでに長期の停滞期間に突入していました。私も就職氷河期世代なのでよく分かるのですが、「社会の成長」を肌身で実感したことがありません。定年が延びたことも影響してか、年齢が高めの社員が多い逆釣り鐘型の年齢構成の企業が多いのが、日本の現実です。上層部が重たく（しかも定年が延長していく）、財政支出が急増する社会保障や国としての過剰な借金、経済格差の広がりなど、日本社会の将来に前向きな展望を持ちにくい中、現実とは異なる世界に心が惹《ひ》かれていくことも十分に理解できます。

講義の後、一部の学生からは「地方出身だが、自分が働くのはおそらく東京で、地元には帰れない。将来、実家のお墓をどうすればよいか？」という相談を受けました。自分のルーツであるお墓を大切に思う真摯な気持ちと責任感が、伝わってきました。短期的には急激に変容している供養ですが、長期的には前向きな気持ちのある世代が担っていくこと

死後の行き先（自分）

問：あなたは、自分が死後にどこに行く（どこにいる）と思いますか？
（最大二つまで選択）

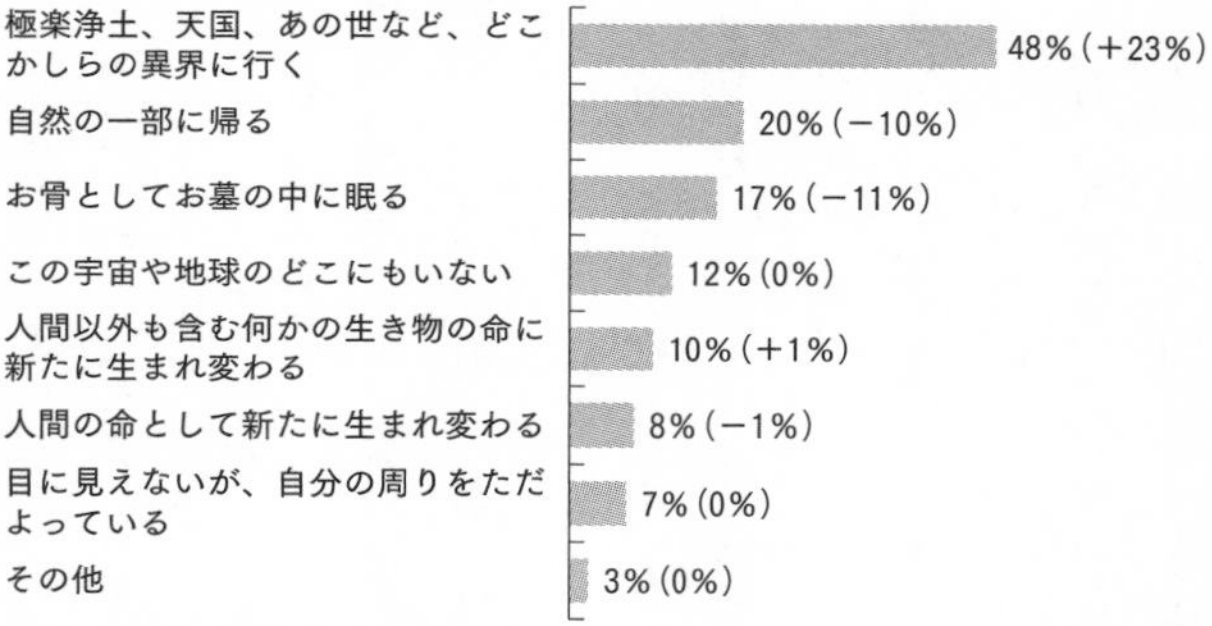

※カッコ内は前回調査（2016年）との比較

出所：一般社団法人 お寺の未来総合研究所「寺院・神社に関する生活者の意識調査（N＝10,000）」（2021年実施）

になりますから、供養文化の将来はけっして暗くないと感じさせられたひと時でした。

あの世観に関する最新のデータをご紹介します。コロナ禍に入ってからの２０２１年、全国１万人の生活者を対象とした調査を実施しました。死後に自らの行く先について「極楽浄土、天国、あの世など、どこかしらの異界に行く」と答えた人が約半数にのぼり、いわゆる「あの世観」を示す人は２０１６年との比較で倍増する結果となりました。

調査実施時期はコロナ禍が進行中でもあり、現実が嫌になった人が増えた影響で数字が伸びたことは否定できませんが、その一過性要因だけで数字が倍増するほど伸びるかは疑問です。根底には「あの世観」の台頭という基調があり、それがコロナ禍によって増幅したと考えるのが自然だと思われます。

曖昧で楽観的な「あの世」

あの世観が台頭する中、あの世とはどのようなものとして認識されているのでしょうか？　感応寺の成田住職は、あの世の内実は曖昧模糊《あいまいもこ》として認識されていると指摘します。

「死んだら無になるという考えの方を除いて、悪いことをしたら地獄へ行き、良いことをしたら極楽や天国へ行くという基本的な考えは、変わっていないように思います。しかし、行き先の地獄や極楽、そして天国のイメージが抽象化していて、語られる言葉の中身は特にないという印象を受けます」

極楽と言ったり、天国と言ったり、人によって言葉は違いますが、その内実は抽象的で大差がないという指摘です。今の日本では極楽よりも天国という言葉を聞くことが多いですが、キリスト教の天国観が大きく浸透したわけではなく、天国という言葉のみが切り取られて広まっているのが現状と言えます。

極楽浄土にしても天国にしても、経典（教典）にはきらびやかな世界として描かれていますが、その具体的なイメージを持ってあの世観を示す人は少数にとどまるでしょう。日常の中に死が常にあった鎌倉時代は、死後に素晴らしい安息の場所があるという価値観は積極的に選択されたでしょうが、死が日常から隔絶している現代では死への恐れが相対的に薄くなるため、死後の世界の解像度を上げる積極性は醸成されにくいと言えます。

したがって、コロナ禍によって現実に嫌気が差した厭世《えんせい》観によって消極的にあの世が選択されている状況であり、もともとが消極的選択であるがために、あの世の解像度は上がりにくいのでしょう。

またそもそもですが、スイッチ一つでお湯が出て来るような便利で快適な世の中に暮らす現代人にとって、金色できらびやかに描かれる伝統宗教のあの世は魅力的に響かないと考えます。成田住職は次のようにも指摘します。

「何もしなくても死んだらみんなが天国に行くという、楽観的な感覚を持っている人がほとんどですね。故人には良いところに行ってもらいたい気持ちや、故人をおとしめない文化の延長で、自分も自ずと良いところに行けると思われているのかもしれません。そして、いつか生まれ変わることがあった場合にも、また人間に生まれ変わることを当然視しています」

生き方は問われずに全員が救われていくという教えを持つ宗派もありますが、多くの宗派は閻魔《えんま》さまに代表されるように生前の行いを問われ、死後の行き先が決まるという輪廻《りんね》転生《てんしょう》の教えを持ちます。その結果として、必ずしも人間に生まれ変わるとも限らず、動物や虫に生まれ変わることもあると説かれます。

故人が家族を散々いじめたり、金にがめつかったり、悪口ばかり言っていたなど、生前の行いが善くなかった方の葬儀では、喪主や参列者から「あんな人が極楽に行っているわけない」「餓鬼や地獄でさまよっているに決まっている」という声が聞こえることもあるようですが、曖昧で楽観的なあの世観を持つ人は確実に増えているのでしょう。

地獄があるか、輪廻転生による来世があるかは私には分かりませんが、死後にそのような世界があるかもしれないことを否定しない謙虚な心持ちで生きることは大切だと思います。人間自らが勝手に死後の行先を決めて人間に生まれ変わることを当然視したり、現実が嫌になった逃避先として消極的にあの世を選択する現状は、現代に生きる私たちの肥大化するエゴや、テクノロジーの進化などによる人間の万能感が増長していることの表れなのかもしれません。

供養への参画性

肥大化する現代人のエゴは、供養の現場に影響を与えていますが、良い影響もあるようです。本立寺の中島副住職は次のように語ります。

「以前は供養の流れがベルトコンベアのように決まっていましたが、今はお寺も寛容になってきたためか、葬儀や法事の中身に積極的に介入する人が増えています。最後まで故人に最善を尽くしてあげたいという思いから、故人の好きだった音楽を流したり、食べ物をお供えします。もっとこうしてあげたいという思いを供養の場で積極的に表現したい人が増えています」

家族からの要望は良い意味でのイレギュラーであり、参画性が高まることで好ましいと、感応寺の成田住職も指摘します。

「遺族や参列者も気持ちが入るので、宗教的に問題ない範囲でお葬式で実践することは珍しくありません。たとえば故人が若かったので、焼香《しょうこう》は年寄り臭いということで献花にしたいという要望がありました。お供えが焼香ではなく献花でもよいだろうと判断し、焼香は導師《どうし》が行い、遺族は導師の前にある棺桶のところに献花していただきました」

遺族の要望に対して柔軟に対応することで遺族の参画性は高まり、記憶にも残りやすくなります。ひと昔前はどの地域でも地域住民が祭祀を担い、地域の風習に基づくパターン化された流れがありました。そのような祭祀には、一人ひとりの参画性がありました。面倒や不満もあったでしょうが、それぞれの立場での役割があったのです。

そして、地域社会の力が弱まり、全国的に葬儀のオペレーションは業者に外注されるようになりました。お金で労力を解決するようになったことで葬儀における参画性は希薄化し、商業化が進むことで葬儀の流れも画一的にベルトコンベア化しました。遺族や参列者は能動的な参画者から受動的なお客さまへと立場が変化し、それによって人の死という生々しい現実の学びが薄れていった、とも言えます。冠婚葬祭は若い世代が当事者として関わりながら、上の世代の死生観を引き継ぐ機会でもあると、長谷寺の岡澤住職は指摘します。

「葬儀でお孫さんがいる場合、お通夜の線香を絶やさないのは孫の仕事だと伝えるようにしています。『えっ?』という驚く反応がありますが、小学生から20歳くらいまでのお孫さんたちが、役割分担をしながら一晩中火を絶やさず頑張ります。翌日にお孫さんたちからは『やりました』という報告があったりします。出棺の際にも、喪主より一歩下がっているお孫さんたちを前線に駆り立てます。故人の亡骸《なきがら》にいやおうなく近づくことで、死という現実を直視することになります」

喪主をはじめとした大人たちには故人との思い出を語ってもらい、住職は旅支度の意味を一つひとつストーリーで説明しながら進めることで、子どもたちが大切な人とのお別れという場に没入していく雰囲気を感じる、とのことです。

現代では遠ざかりがちな死というリアリティに接することは、生きる上でとても重要な機会と言えるでしょう。現代人にとって死を身近に引き寄せるポイントは参画性です。画一的ではなく遺族ごとの個別事情に合った進め方をすることで、参画性の効果を最大限に高めることになるのでしょう。

オンラインと供養

コロナ禍によってさまざまな場面でオンラインが普及しました。供養もその一つで、効果的に活用される事例が出てきました。

西村達也《にしむらたつや》住職の西法寺《さいほうじ》（福岡県・浄土真宗本願寺派）では、新型コロナが流行り始めたばかりの2020年4月に、LINEのライブ中継を活用して葬儀を行いました。喪主を務める長男は関東在住で、長男のみが単身福岡に帰省。関東に残った妻や子どもたちとLINEでつなぎ、お孫さんたちは息を引き取る前のお祖母さんとお別れをすることができました。お祖母さんは死の間際にもかかわらず気丈《きじょう》にも、みんなに「ありがとう」と伝えられたそうです。

「私も葬儀社にとっても、はじめてのオンラインの葬儀でした。移動ができない中でも、こんな葬儀ができるんだと、うれしく思いました。今は、朝のお勤め（読経）をライブ配信するようにもなりました。諸事情で回忌の法事ができない方は、故人のお名前をご本尊の前に置き、朝のお勤めの際に一緒に回忌法要として配信しています。新型コロナがきっかけでオンラインがお寺の中に自然に溶け込んできました」

葬儀へのオンライン参列

問：あなたにとって大切な人（家族、親戚、友人など）の葬儀にオンラインを通じて参列・出席することについてどう思いますか？

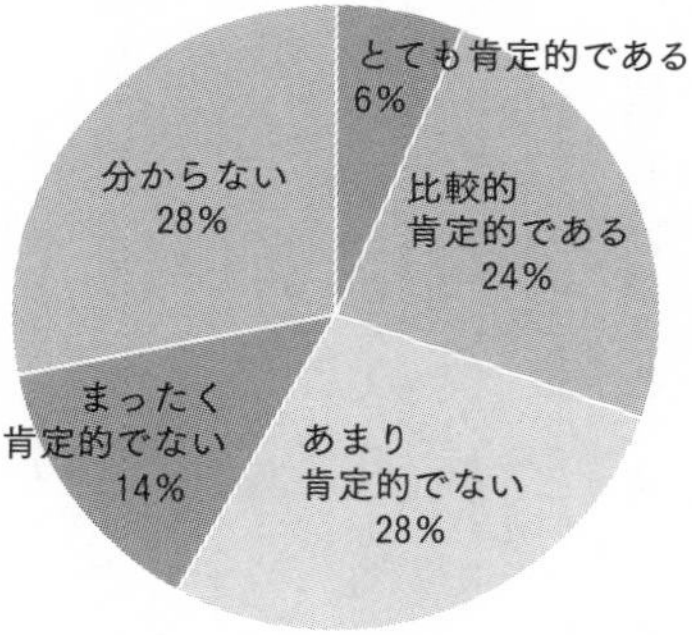

出所：一般社団法人 お寺の未来総合研究所「寺院・神社に関する生活者の意識調査（N＝10,000）」（2021年実施）

コロナ禍を契機に、供養の場と遠隔にいる人をオンラインでつなぐ人が増えたと語るのは、妙慶院の加用住職です。

「お寺では『ご自由にＷｉ－Ｆｉをどうぞ』とお伝えしているので、ＬＩＮＥのビデオ電話が活用されていますね。たまに、お葬式でも使いたいと言われます。香港や中国へも中継されたことがありますし、コロナ禍で供養が国境を超えました。当然、オンラインでつなぐ際は、家族・親戚の中でお孫さんなどの若い人が活躍します。写真を撮りたいとなれば、パッとスマホを出して撮りますし、若い人の参画性が増したことが新型コロナによる供養の大きな変化ですね」

葬儀や法事へのオンライン参列について、実際に生活者はどのように捉えているのでしょうか。２０２１年に実施した生活者調査では３割の人が肯定的で、４割強の人が否定的な姿勢を示し、葬儀と法事で傾向は変わりませんでした。肯定的な人の理由としては、「利便性」「コロナ対応」「気持ちがあれば関係ない」などが挙げられ、否定的な人は「気持ちが通じない」「失礼になる」「オンラインならやらなくてよい」などが理由として挙げられていました。

男女とも年齢が上がるほど、オンラインでの参列に対して肯定的な人が少なくなる傾向にあります。一方で、男女とも40代・50代で「分からない」と答える人が増える傾向にあり、インターネットに比較的慣れていながらも、若年層よりも社会的な分別のある年代にもなっていることから、葬儀という社会的な礼儀が求められるテーマについて判断がつきかねている状況と推察されます。

ただ、20代・30代の若年層においては肯定が否定を上回ることから、長期的には肯定的な姿勢を示す人が多数派を占めると考えられます。しかし、「最期のお別れの葬儀は参列したい」「法事くらいは家族・親戚みんなで会おうよ」という感覚が残っていくことが自然でしょうから、積極的にオンラインが選択されるというよりは、あくまでもやむをえない事情の際にリアルを補完する手段として、オンラインが活用されていくと考えられます。手段に柔軟性が増すことは、供養にとってもプラスと言えるのではないでしょうか。

供養のカジュアル化

オンラインの普及でさまざまなお寺とつながりやすくなり、菩提寺《ぼだいじ》（先祖代々のお付き合いがあるお寺）に限定されないカジュアルなお付き合いが増えていくのではと指摘するのは、ＹｏｕＴｕｂｅ「北の寺からチャンネル」で多数の動画配信をする善光寺《ぜんこうじ》（北海道・浄土宗西山禅林寺派）の大久保瑞昭《おおくぼずいしょう》住職です。

「供養をしたいという意識は、現代人にもあります。当然若い人にも。ＹｏｕＴｕｂｅのライブ配信中にスーパーチャットで申し込みがありました。ちょうど熱海《あたみ》市の土石流が起きた時で、『熱海の出身なのでご供養をしてくれませんか？』というものでした。お布施《ふせ》は投げ銭で１０００円でしたが、檀家さんではない方からのお布施がとても新鮮でした」

「北の寺からチャンネル」の視聴者層は50～60代がメインとのことです。他のお寺と代々のお付き合いがある親を亡くした方が癒しのために視聴していて、供養のアドバイスを求められることもあるようです。いわゆる先祖代々の菩提寺としてのお付き合いでなかったとしても、医療で言うセカンドオピニオンのような役割を果たすお寺も、増えていくのかもしれません。

「YouTubeを見た静岡県の浜松《はままつ》市に住む60歳くらいの方から、父が亡くなったのでお経をあげてくださいというお願いもありました。命日とお名前を聞き、塔婆を書き、リモートでつないでお経をあげました。その方からは後日に『北海道に旅行に行くのでお参りに行ってもいいですか？　その際に法事をお願いします』という依頼もありました。実際に来られ、法事を行いました」

先祖代々のお付き合いではないものの供養をしてほしいという、いわゆる檀家未満のカジュアルなお付き合いは今後ますます増えていく可能性があります。２０１６年に実施した生活者調査の「檀家意識は約3割」という結果は反響を呼び、仏教界の業界誌だけでなく複数の大手新聞社にも取り上げられました。

そして、5年経った２０２１年の追跡調査では、檀家意識は減少して25%となりまし

「檀家」という意識

問：あなたは、特定のお寺の檀家ですか？

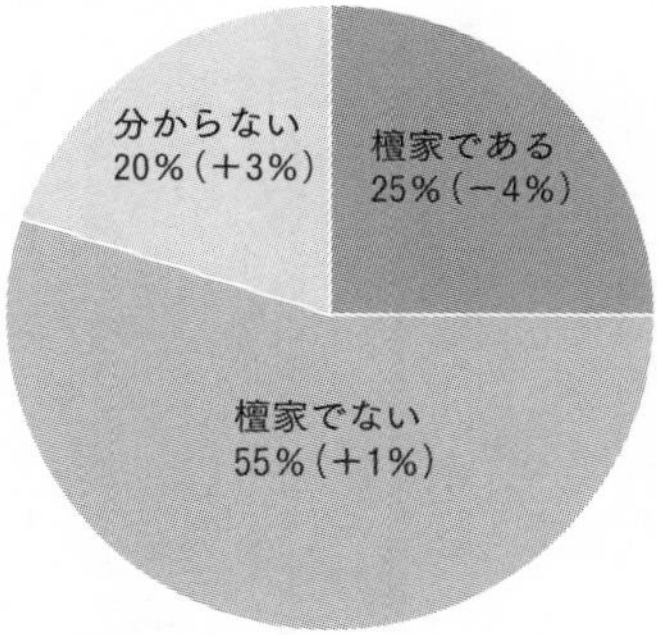

※カッコ内は前回調査（2016年）との比較

出所：一般社団法人　お寺の未来総合研究所「寺院・神社に関する生活者の意識調査（N＝10,000）」（2021年実施）

た。また数年後に追跡調査を行ったとしたら、檀家意識はさらに減少するでしょう。距離感を自由に選べる檀家未満のカジュアルなお付き合いは今後ますます増加していくと考えられます。

カジュアルという点では、文字通り服装のカジュアル化という変化も起きています。妙慶院の加用住職は次のように語ります。

「派手でなければ喪服でなくても、気軽でいいですよとお伝えしています。そうすると、喪服ではないけど黒っぽい服を、自分が持っている中から着てくる人が増えてきました。自宅の法事だと以前から崩した服装の人もいましたが、そのカジュアルな感覚を持ったままお寺に来る人も増えていますね。供養を続ける気持ちが何よりも大事なので、型にはまったルールのように服装についてとやかく指摘するのではなく、本人なりに場に合った適切な服装や、自分の気持ちを表す服装を考えてもらう自然体でよいと思います」

冠婚葬祭は時代とともに変化していくものです。たとえば結婚式では、フォーマルな服装よりも、参列者それぞれの個性で服装が選ばれていく傾向が強くなっています。供養も参列者が家族中心になってくる中で、社会的な体面や伝統的なマナーは気にならなくなり、自分自身の素直な気持ちを表す服装で参列する人が増えていくのかもしれません。

「弔い直し」という供養

伝統的な形にとらわれないという点で、最近は「弔い直し」という新しい動きが出ています。特にコロナ禍の影響で葬儀ができず、火葬のみしかできなかった遺族が増えたことが大きなきっかけになっています。

亡くなる前の最後の数カ月間お見舞いに行けなかった方、臨終《りんじゅう》に立ち会うことができなかった方、新型コロナで亡くなられた場合は最期の顔を見られず、お骨になってからの対面を余儀なくされた方など、大切な人の最期を看取れず、そして死後も納得できる形で弔えなかったことによって故人の死を実感できない、「あいまいな喪失」を抱える人が増えたと言われます。

「最小限の参列者で火葬のみが行われていたコロナ禍の葬儀は、最期のお見送りが叶わなかったことで、故人の死を受け入れられずどうすることもできない喪失の苦しみを生み出しました。僧侶として、遺された方のその苦しみに何ができるのかを考え、『弔い直し』の供養のご相談を行っております」

こう語るのは妙法寺《みょうほうじ》（神奈川県・日蓮宗）の久住謙昭《くすみけんしょう》住職。妙法寺ではコロナ禍になってからホームページに「弔い直し」というコンテンツを公開し、「お骨葬」というプランを提案しています。

「お骨葬も式の次第は実際の葬儀と同じで、丁寧に営みます。式によっては参列者がお一人の場合もありますが、一人でもしっかりご供養したいというお気持ちに接することができ、弔い直しを提案してとても良かったと思います。伝統的な形も大切ですが、形よりも遺族の思いにどれだけ応《こた》えられるかが重要です」

お骨葬は戒名・花代込みで15万円という良心的なお布施ですが、故人が好きだったものをヒアリングし、お花の色としてアレンジするなど、遺族の思いを形にすることにこだわっています。

そして、弔い直しにもさまざまなパターンが出ているようです。

「三回忌で偲ぶ会を行われたご家族もありました。コロナ禍が落ち着いてきた際に、ようやく家族・親戚を呼ぶことができるということで、葬儀のような丁寧な式に加えてお寺でお食事をされました。テレビモニターに故人の思い出写真を投影しながら、話に花が咲いていました。お帰りの際、みなさん本当に満足された表情で、ようやく供養できたという思いが顔に表れていました」

精神衛生としての供養の機能について第一章で触れましたが、コロナ禍の最中では、十分な供養をできなかったことが心残りになっている方は多いでしょう。三回忌や七回忌などの伝統的な回忌のタイミングに限定されず、関係者にとっての適切な時機に故人を偲びながらの弔い直しが営まれていくケースは、増えていく可能性があります。

血縁にとらわれない供養

弔い直しは血縁にも限らないと、妙法寺の久住住職は語ります。

「仕事仲間によるご供養の法要がありました。同僚が仕事場で倒れて救急車を呼び、病院にも付き添って最期の場に立ち会ったそうです。そしてコロナ禍のためか、お葬式には呼ばれなかったそうです。最期の場にいたのにお焼香もできず自責の念が残っているということで、仕事仲間と一緒に故人の法要を営まれたケースもありました」

超覚寺の和田住職は、子々孫々が先祖代々を供養するだけでなく、自分がお世話になった故人を個人的に供養する流れが出てくると語ります。

「供養が個人化し、スポット的に拝む依頼が増えています。ある40代の方から、友達が病死してまもなくの四十九日くらいのタイミングでお経を読んでほしいと、依頼が来ました。友人だと家族葬や法事に呼ばれるわけではないし、家に焼香に行くのも憚《はばか》られる。でも、手を合わせたい気持ちはあるので、依頼するのでしょう。他にも、友人のお墓を遺族に聞くのが憚られるという方の大事な人を亡くしたモヤモヤを傾聴した上で、お経を読みました。一周忌には友達を集めてやりたいと、ホッとした表情で帰られました」

血縁ではない方の供養にもかかわらず、お寺としても驚くようなお布施が包まれることもあるようです。亡き人に手を合わせたいという気持ちは血縁に限るものではなく、その気持ちを素直に表す受け皿の重要性が増すと、和田住職は指摘します。

「手を合わせている故人の宗教や宗旨は、依頼するお寺と違うでしょう。たとえば、真言宗で大日如来《だいにちにょらい》を本尊とする方を、浄土真宗のお寺で拝むということも珍しくはないでしょう。しかし、仏さまの世界は最後は一緒です。同じ銀行口座に、違うATMからアクセスしたり、時には実店舗やモバイルの違いもあるでしょう。でも、つながっている先は一緒です。どの命も最後は宇宙という大いなる『いのち』に還《かえ》っていくわけですが、いのちへのアクセスはいろいろあります」

今までは先祖代々のお寺が紐づく宗派の教えにしたがった供養が主流でしたが、これからは血縁を超えたつながりによって供養されることも一つの現実になっていくでしょう。友人同士やLGBTQカップルで入れるお墓も少しずつ登場していますから、血縁・非血縁に限らず、自分自身を供養してくれるつながりを持つことや、もっと言えば血縁でなくても、「供養したい」と思ってもらえる善き生き方を重ねることが重要と言えます。

「血縁でなくても、あなたを供養してくれる人はいますか？」という問いに肯定的に答えられる生き方が必要な時代と言えます。その自信がない場合、ねんごろに永代供養してもらえるお寺とのつながりを持つことが大切かもしれません。

親と違う宗教での供養

本立寺の中島副住職は、宗教が異なる親子間の弔いが今後は増えていく可能性があると指摘します。実際に本立寺では、キリスト教徒の方の葬儀を執り行ったそうです。

「クリスチャンのお母さんを亡くされた娘さんからの依頼でした。娘さんはクリスチャンではありません。コロナ禍で教会とうまくやり取りできず、十分に供養できなかったという思いがあったそうです」

キリスト教徒の個別の供養を執り行ったことがないため、中島副住職は知り合いの神父に相談しながら、葬儀をゼロベースで設計し直しました。

「本立寺は日蓮宗なので、法華経という軸を外すことはできません。法華経には諸問題を解決する力があるので、どのような人間でも法華経の力で供養されていれば大丈夫だと信じています。

したがって、仏教儀礼に聖書の一節や賛美歌を少し足す式次第としました。故人はクリスチャンネームを持たれているので、そこにも最大限配慮し、なるべくキリスト教徒にとっても不快ではないように工夫しました。日蓮宗として故人を送る先は霊山浄土《りょうぜん》ですが、その方が送られたい先はもちろん天国でしょう。ロケットのように法華経の力をブースターとして使い、その方にとってふさわしい場所に行くのをお手伝いする感覚です。仏の力はそこまで広いものだと思います」

本立寺では供養漏れや供養難民を作らないという方針のもと、依頼者の意向を最大限に尊重しながら柔軟な対応を行っています。今後はその柔軟性がますます求められる時代になると中島副住職は強調します。

「宗旨以前に親と子や家族間で宗教が違うということはありえますし、今後増えていくのではと思います。家の宗教を代々継承する人も一定数は残り続けますが、その代が良いと思った宗教・宗旨や供養の方法を選択していく人が増えると思います。そして、選んだものを下の世代にも強制しないという流れも自然と起きていくでしょう」

本章で見てきた供養の形の変化だけでなく、宗教・宗旨も世代ごとに選択されていく流れが起きており、現代は「供養の自由化」が進む時代だと言えます。

価値観やライフスタイルの多様化が進む中で、選択の自由が増えて尊重される時代環境は好ましくもありますが、自由に伴う代償はないのでしょうか。次章では供養の自由化に潜む危険性を見ていきます。

第三章

失敗する供養

こんな失敗はしたくない

現代の葬儀は、葬儀社の存在なくしては成り立ちません。

だからこそ、心ある良き葬儀社との出会いは、とても大切です。遺族の心情・要望・経済事情に寄り添いながら、宗教者への配慮・調整も欠かさず、故人を丁寧に送ることができたと遺族が実感できる葬儀の実現に尽力する葬儀社に出会うことは、つつがない葬儀に欠かせない条件と言えます。

心ある良き葬儀社が大部分といえども、どの業界にもある常として、悪質な葬儀社も存在します。

これから、あるエピソードをご紹介します。少し極端に感じるかもしれませんが、もっとひどい事例は世の中にたくさんあります。自分はこのような事態に陥《おちい》ることはないと思い込まず、一寸先は闇だと思って読んでいただければ幸いです。

大切な母を亡くして数時間後、某病院の地下霊安室で一人の男性がスーッと静かに近寄ってきます。病院に出入りする葬儀社で、「喪《も》のセールスマン」とも言うべき独

特の雰囲気。

「この後のご予定はいかがでしょうか？　よろしければご遺体をご自宅までお送りいたします」と声をかけてきます。茫然自失で何も考えられず、葬儀の流れがよく分からないため、「お願いします」と即答。自宅がマンションで遺体を搬入しにくいため、葬儀社の安置所に遺体を安置し、そのまま葬儀もお願いすることに。葬儀の日取りは市営の火葬場が混んでいるということで、10日先に決まりました。

「どのような葬儀をご希望ですか？」という担当者からの質問に、「お父さんの葬儀で300万円もかかってうんざりしたから、私の葬儀はとにかく安くていいわ」という母の言葉を思い出し、「一番安いプランをお願いします」と答えます。

担当者は少し表情を硬くしたものの、「かしこまりました。一番安いプランで進めさせていただきます」との返答がありました。そして翌日に自宅で、見積もりと提案内容の打ち合わせがありました。

「一番安いプランで進めますが、35万円に葬儀に必要なものは基本的には含まれていますので、ご安心ください。式場が混んでいて会場変更になった場合は、会場使用料やそれに伴う追加費用を別途いただくことがありますので、その点はご了承ください。その上でのご提案ですが、生前のお母さまとの素敵な思い出をおうかがいし、お母さまにふさわしいと思うものをいくつかご提案させていただきます。大切なお母さまとの最期のお別れですから、丁寧にお見送りされたほうが良いと思いますので、白木《しらき》祭壇に野辺送《のべおく》りの飾りを加え、横には花を飾られるのはいかがでしょうか？」

母の要望を尊重しつつも、安さ一辺倒の葬儀に違和感もあったので、提案内容を快諾しました。

「ありがとうございます。それではそのように進めますね。次のご提案ですが、最後のお別れの日までお美しいお母さまでいらっしゃるのがよいと思いますので、エンバーミングをされませんか？　ご遺体の防腐処理とお化粧を行い、生前のような美しいお母さまと対面できます。最近、多くの方が行われますよ」

エンバーミングというのは馴染《なじ》みがなかったものの、生前の母への感謝もあり、この提案にも快諾。その他にもいくつか提案がありましたが、葬儀社に任せられて安心と思い込んでいたため、内容を細かく確認することはせず、葬儀社からも最終的な見積もりは出てきませんでした。葬儀までの期間、母とは毎日会いに行き、そのまま通夜当日を迎えました。

参列者は家族のみでしたが、会場が空いていないということで、大きなホールが会場になりました。家族葬にしては不釣り合いな大きな祭壇が設《もう》けられ、大きな花には家族一人ひとりの名前が書かれていました。

料金が心配になったので担当者に確認しようとしたところ、会場には提案時とは別の担当者がいました。「一番安いプランをお願いしているのですが、こんなに広い会場で大丈夫でしょうか？」と質問したところ、「担当者に確認しますね」との返答。

回答がないまま時間が流れます。トイレに行く際に他の会場をのぞいてみましたが、使われていない会場がいくつかありました。疑問に思いつつも、そのまま開始時間が来ます。

葬儀社にお願いした僧侶は開始直前に会場入りし、少し挨拶を交《か》わしてからすぐに式が始まりました。僧侶の着ている衣《ころも》は皺《しわ》が散見され、お香《こう》なのか体臭なのか不快なものが混ざり合った臭いが感じられます。お経の声も音痴でやる気がなく、位牌に書かれた母の戒名もお世辞にも上手《うま》いとは言えません。

下手くそなお経や位牌で母を本当にあの世に送ることができるのだろうか、あの世に向かう勢いが足りず、道の途中で迷ってしまうのではと不安が募るまま、特段の法話もなく、そのまま通夜は終了。「お布施だけは通夜当日にお願いします」と言われていたので、葬儀社に言われた30万円を包んだ封筒を持ち、僧侶の控室に行きます。僧侶は封筒をサッと受け取り、ヨレヨレの名刺を渡した後、そそくさと帰って行きました。そして、提案時の担当者は最後まで姿を見せることはありませんでした。

翌日の告別式も淡々と終わり、出棺の時間となります。飾られている花が多かったので、最期の母とのお別れにたくさんの花を棺に入れようと思いました。しかし、担当者からは火葬場の時間が迫っていると急《せ》かされ、顔の周りに花を入れた程度で終わりました。多くの花が余ってもったいないと感じながら出棺。驚くことに火葬場までの霊柩車はなぜかハイエース。車内はとても窮屈で、違った意味で記憶に残ります。

つつがなく葬儀を終えたと思っていた数日後に、葬儀社からの請求書が届きました。請求金額は税込みでなんと308万円……。何かの間違いだろうと思い、葬儀社に連絡するも、担当者は不在との返答。２日後にようやく葬儀時の担当者に電話がつながりましたが、「見積もり時のいきさつはよく分かりませんが、担当者からは特段のことを聞いていません。ご契約の内容通りに施行させていただきました」との返答。

提案時の担当者を電話口に出すようにお願いしたところ、先週に退職しましたとのこと。安さを求めていた母の葬儀が、結果として父親の時と変わらない金額となってしまい、母への供養になっていないのではないかと、後悔と自責の念が湧いてきます。悲しみが癒《い》えない中、ショックが重なり、数日寝込んでしまいました……。

そして後日、母が亡くなったことを親戚に電話で伝えたところ、なんで葬儀に呼ばないんだと怒られ、その後自宅に弔問に来た際もネチネチと文句を言われて精神的にも参ってしまいました。これで親戚との縁も遠くなりそうです。

数カ月後に高校の同窓会で、今は葬儀社に勤務しているという旧友と再会。母の葬儀について話したところ、「あぁ、それはいいようにやられてしまったんだね」と言われました。

請求書を見せながら、友人に次のことを指摘されました。

・安いプランでお願いされると、葬儀社としても困るんだよね。特に新型コロナで客単価が下落する中、金額を取れる可能性がある客からは、できる限りお金を取ろうと思う葬儀担当者は多い。会話の感じから素人《しろうと》だと思われてしまったのに加え、今回は担当者の運がとても悪かったね。百戦錬磨の葬儀社の担当者に、まったく知識がない素人が対抗するのは絶対に無理だよ。

最終的な見積もりの提示がなかった？　でも、要求しなかったんだよね？　言われなければ見積もりの最終案を提示しない葬儀社は多いし、サインで見積もり案を承諾したという証拠を残す葬儀社は少ないよ。

葬儀は数日間の短期勝負だから勢いで進んでしまうんだけど、諾成《だくせい》契約（当事者の合意だけで成立する契約）で最終確認の書類もなかったりするから、そもそも葬儀の契約は危険が満載なんだよね。

・今は亡くなる人が多くて火葬場が混んでいると思う人が多いよね。意外と知られていないけど、火葬場は朝の9時や夕方に近い15時以降は比較的空《す》いているんだ。予約が集中する昼前後の時間に予約しようとすれば、日程が先になることもある。

行政の火葬場なら、問い合わせれば早めの日程で空き時間を教えてくれたと思う。葬儀社に遺体を安置していたから、葬儀の日程を先延ばしして、1日でも安置料を多く取ろうとしたはず。エンバーミングを提案したのも、安置料に上乗せしたかったからじゃないかな。火葬が10日先なら30万円以上は上乗せできるしね。

・家族葬が増えてから客単価が下落しているので、会場使用料を取ろうとする葬儀社が増えているのは間違いない。設営をしてわざと後戻りできない状態にして、大きな会場にしたのだと思う。

他の会場が空いていたように見えたかもしれないけど、この後に予定が入っているとか、葬儀社はいくらでも理由付けできるからね。大きな会場で祭壇が小さいと不釣り合いになるから、祭壇を大きくすることで当然金額は上がるよ。祭壇料が100万円とはやられてしまったね。

追い打ちをかけるように、ここがせこいんだけど、会場が広いからマイクが必要になるという理屈で、音響使用料という名目でお金を取っているね。大きな会場だから音響くらい会場使用料に含めてよと思うかもしれないけど、悪質な担当者はグイグイ攻めてくるよ。普通はパッケージだと思うものを、名目を切り分けて、それぞれに料金をつけてくるのは定石《じょうせき》だね。

・棺の中のクッションの代金だけ当日に担当者に渡した？　3万円も？　それは不自然だね。棺の中にある遺体を安置するためのクッションは、普通は棺本体の料金に含まれているよ。

もしかしたら会社としてのメニューではなく、担当者が棺とクッションを切り分けることを思いついて、個人的に懐《ふところ》に入れようとしたのかもしれない。後でクレームをしたとしても、会社としては「知らない」と言えばいいしね。

・花代が60万円とは高いねぇ。せっかくたくさんあった花をほとんど入れられなかったのは残念だね。葬儀社の担当者は花を積極的に抜いてくれなかったでしょ？　おそらく、花を他の人の葬儀に使い回ししようとしているのだと思う。花は原価が高いし、花を仕入れる購買力が低い葬儀社は少しでも利益を上げようとして、花の使い回しをすることがあるんだ。珍しいことではないよ。

・業界経験は長いけど、ハイエースの霊柩車とは、はじめて聞いたよ。霊柩車を外注している葬儀社の場合は経費がかかってしまうから、そこを節約するために自社の車を利用したんじゃないかな。ある意味、安いプランをお願いしたという要望と合致しているから、残念だけど文句は言いにくいね。

・あと、納骨壺はやられてしまったね。10万円は高いねぇ。「お母さまにふさわしい骨壺を」とでも言われたんでしょう？　故人を理由付けにされると断りにくいよね。普通は火葬場で用意されている白い骨壺を使うけど、葬儀社が売上を上げたいからわざわざ別の骨壺を用意させるんだよね。せっかく火葬場の担当者が喉仏《のどぼとけ》を一番上に置いてくれたのに、ガサッと別の骨壺に入れ替えたことで、喉仏が一番下になっちゃったよね？　本当に残念だよね。心中お察しします。

友人の指摘は一つひとつがあまりにも的確でした。葬儀が終わった直後に聞いていたら、ダメ押しのショックで長い間寝込んでしまったかもしれません。しかし、一つ疑問が残ります。なぜ、このような悪質な葬儀社の情報が出回らないのでしょうか。

友人が説明してくれました。

・理由はいくつかある。葬儀社が組織ぐるみの場合もあるけど、一番のポイントは葬儀担当者によって実際の対応が大いに変わるということなんだ。

今回は病院に出入りしている葬儀社だから、組織ぐるみで悪評が立っているということはないんじゃないかな。誤解してほしくないのは、会社からのノルマがきつい中でも良心的で一生懸命やっている葬儀担当者もたくさんいる、ということ。生前に相談していない限り、どの担当者に当たるかは運なので、今回は当たった担当者がとても悪かったね。

・そして、今回は安いプランをお願いしていたから、請求金額とのギャップに驚いたと思うけど、実際はだまされているにもかかわらず、それに気づいていない人も、世の中には多い。検証する知識や手段を持たないから、ぼられているのに気づけないんだよね。

・それと情報が出回りにくいもう一つの要因としては、葬儀費用に納得がいかなかったとしても、大切な家族の葬儀で揉《も》めたくないという心理が働きやすいということもある。事《こと》を荒立てず、故人を無事に送ることができたという思い出として静かに収めておきたい人が多いのだと思う。後ろめたくて恥ずかしい出来事でもあるから、他人にベラベラ話す性質の話題でもないしね。

・インターネットの評判も参考にならないとは言えないけど、結局は葬儀社の担当者次第だね。最も信頼できるのは地域の口コミで、地域のつながりがあまりないなら、事前の努力が必要。いろいろな葬儀社を見て回り、気に入ったところを探しておくしかないよ。事前に信頼できるお寺ともつながっていたら、アドバイスをもらえたかもしれないね。

友人の言うことはごもっともです。葬儀という分野に素人すぎて、運任せにするには危険すぎると痛感しました。人生で何度も喪主をすることがないので知識と経験はたまりにくく、そこが百戦錬磨の葬儀担当者が付け入るスキになるのでしょう。

高すぎる授業料になりましたが、この経験が今後に活《い》かされる機会がほとんどないと思うと、残念でなりません。

故人の遺志が正しいとは限らない

近年の葬儀では故人の遺志が尊重される傾向があり、半数の生活者は近親者の葬儀において故人の遺志を最も重視すると回答しています（出所：一般社団法人 お寺の未来総合研

葬儀で重視するもの(近親者の葬儀)

問：あなたは、家族など自分に近しい人の葬儀において、何を重視しますか？　重要なものを三つまで選んでください(複数回答)

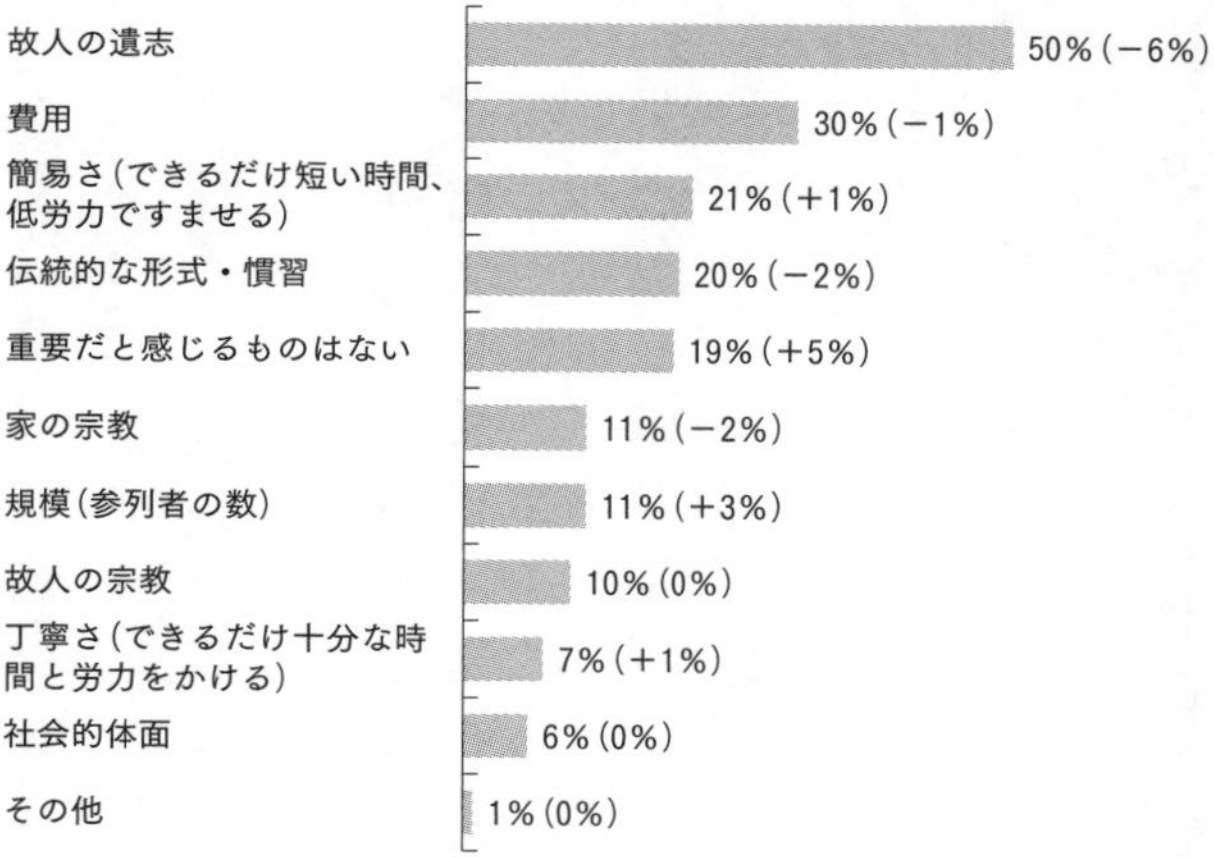

※カッコ内は前回調査(2016年)との比較

出所：一般社団法人 お寺の未来総合研究所「寺院・神社に関する生活者の意識調査(N＝10,000)」(2021年実施)

究所「寺院・神社に関する生活者の意識調査（N＝10，000）」2021年6月実施）。

故人の遺志を尊重することは人間感情として首肯《しゅこう》できる一方、故人の言うことや要望を妄信することの危険性もあります。

たとえば、親が葬儀しないと言ったため、火葬のみの直葬にしたり、生前からとにかく葬儀は安くと要望していたため、葬儀会場には生花の用意がないといったケースもあります。しかし、実の親に対して葬儀をしっかり執り行わなかったことがとても気になって後悔し、火葬からかなり日数が経って、お骨の状態で葬儀を執り行う骨葬をすることもあります。

西法寺の西村住職は、「葬儀は残された人のためにあるという視点が欠けている時がある」と語ります。

「生前のエゴが死後まで肥大化しています。この世の延長線上で死後まで考える人が少なくないですが、死にゆく者の思いと、残された者の思いは異なります。自分が死んだ時はこうせえ、ああせえと言わないほうがよいです。

以前、『自分が死んだら遺骨をばらまいておけ』と生前にいつも言っていた方の妻と娘さんが相談に来られました。金銭面の配慮だったかもしれませんが、夫の死後もその言葉が重くのしかかり、お葬式をしませんでした。

遺骨を自宅に何年も安置し、心の整理がつかない不安を吐露されたので、きちっとお葬式をしましょうと提案しました。残された人が亡くなった人をどう受け止めていくかという自由がないと、死んだ人のエゴにずっと束縛されることになります」

感応寺の成田住職も、故人の遺志と遺族の思いのバランスを取る大切さを指摘します。

「故人の意向を大切にする人は多いですが、故人に偏《かたよ》りすぎるのも具合が悪いです。自分自身が故人をどのように供養したいかということをよく考えて、故人50、自分50くらいのイメージでもよいと思います」

故人に偏りすぎず、遺族の意思を大切にすることを強調するのは、妙慶院の加用住職です。

「故人の遺志は重く、特に故人が何度も繰り返し言っていた場合は重みが増します。しかし、故人の遺志はもちろん大切ですが、遺族は自分たちの意思も大切にしてほしいです。故人の遺志を尊重しすぎるがあまり、遺族が思っていたことができなかった場合、十分な弔いや供養ができなかったという思いが、後悔となってずっと残る可能性があります。故人の遺志を大切にしながらも、遺族も意思を込めて選ぶことによって、時間が経っても『あの時はあれが良かった。ベストを尽くして判断したね』と感じられ、十分な弔いや供養をできたと思えるでしょう」

供養は亡くなった人と生きている人のバランスで成立するものです。どちらか一方に偏ると後悔が出たり、長期的に供養を続けることが難しくなったりと、不具合が生じます。

そして、故人も深く考えた上での遺志ではない可能性もあります。特に葬儀における家族葬や直葬、お墓では散骨や合祀《ごうし》（不特定多数のお骨と一緒に混ざる形で埋葬）などが遺志に示されている場合は、深く考えたわけではなく、世の中のトレンドに流されている可能性が大きいです。

故人軸と遺族軸が交わる交差点において、どのような供養を行うことが故人と遺族の双方にとって幸せなのかを考えることが大切です。

家族葬の落とし穴

わずらわしさを無くし、故人をゆっくり送るために家族葬を選択したものの、逆に事後の精神的負担が増えることもあります。本休寺の岩田住職は次のように語ります。

「なんで呼んでくれなかったとトラブルになることがあります。中には『私と関係を切りたいのか！』と家に怒鳴《どな》り込んで来る人もいます。コロナ禍で家族葬が広がったこともトラブルの原因の一つですね。感染が広がっていたとしても、故人と最後のお別れをしたい人は少なくありません。秘密裡《り》に葬儀を行いすぎてはダメで、伝えるべき人には伝えて、柔軟に判断していくことが大事です」

また、家族葬の後には、故人が亡くなったことをさまざまな関係者に伝える必要があります。それによって大変になるのは弔問客への対応です。縁ある人が広く集う通夜・葬儀であれば、会葬者とのお悔やみの挨拶などはその場でほぼ終えることができますが、家族葬ではそうはいきません。岩田住職はこう指摘します。

「亡くなったことが分かると、四十九日忌までにお参りに行く人が多く現れます。弔問も土日の週末だけとは限りません。訃報を知った人が五月雨《さみだれ》式に訪れるので、遺族は家から出られなくなります。家族葬で精神負担は減ると思ったものの、終わってみたらいろいろな人が家に来てしまう。

故人の病状や死に際などの同じ話を何度も繰り返し話す必要が生じたり、『なぜ呼んでくれなかったんだ』としつこく文句を言う人との面倒なコミュニケーションが増えます。家族葬が無条件に良いというイメージは危険です」

通夜や葬儀・告別式に参列した際、棺の中にいるお世話になった人の最期の顔を見て、生前の感謝と別れを心の中で伝える経験をされた方は多いのではないでしょうか。この経験こそ人生最期の別れに駆けつける意義であり、故人との関係性に一つの区切りをつけるために必要な営みと言えます。

しかし、家族葬では家族以外の人にとってはこの大切な営みが強制的に失われます。お世話になった恩師や上司、親しかった友人に別れを伝えられなかったことで気持ちの整理がつかず、心に「あいまいな喪失」が生まれます。

「なぜ呼んでくれなかったんだ」という言葉は、クレームではなく心の叫びと捉えるべきでしょう。家族の意向は大切ですが、別れの機会を奪うことは故人の尊厳にも影響することであり、故人の尊厳は家族の専有物ではありません。第一章でも触れた故人の人格の記憶という観点も含めて、人生最期の別れの場を家族以外にも開くことの大切さは、再確認される必要があるのではないでしょうか。

話を戻すと、事後の精神的負担という家族葬の落とし穴を葬儀社は知っているはずなのに、中には遺族に伝えない葬儀社も存在するのはなぜでしょうか。

まず、家族葬が葬儀件数の半数を占める世の中の趨勢《すうせい》において、遺族側にすでに家族葬という意向があるため、案件を確実に取るために葬儀社も遺族の意向と異なる提案をしないという力学が働きます。

そして、家族葬の場合は参列者が主に家族に限られるため、通夜のない一日葬が増える可能性があります。葬儀社にとって一日葬は人件費を抑えられるだけでなく、会館やホールを持つ葬儀社の場合は連日葬儀を執り行って稼働率を上げられる可能性も出てきます。

家族葬は葬儀社にとって案件単価が必ずしも高くないデメリットはありますが、案件獲得の確実性や施設稼働率を高められる可能性から、遺族が家族葬を希望する場合には、意向とは異なる提案をしないのが現実です。今後も進展すると考えられる家族葬の潮流について、岩田住職は次のように指摘します。

「家族葬や一日葬など、簡素化や時間を短くすることが、なんでも良いわけではありません。人間として死者を送り出す行為は大事ですし、子どもたちは親の行為を見ています。簡素に送った人は、自分も亡くなった際に簡素に送られる可能性が高まるでしょう。人の一生が閉じる時に、簡易さばかりが求められる風潮は、冷静に立ち止まって考える必要があります。死者を送るという別れの経験を深く共有することや、葬儀の営みに潜在している精神性を感じるのは、ある程度の時間や手間が必要ではないでしょうか」

身元が分からない僧侶派遣

僧侶が呼ばれない葬儀は近年増えていますが、まだ圧倒的に多いのは仏式の葬儀です。お付き合いしているお寺がない場合は、葬儀社に僧侶の手配をお願いすることになりますが、必ずしもまっとうな僧侶が派遣されるとは限らないので、注意が必要です。

「他のお寺でつけられた戒名はそのまま使えますが、僧侶が偽者《にせもの》だった場合は使えません。以前、他で葬儀を挙げられた方が、永代供養墓に納骨したいと来られました。戒名が少し気になったので、連絡先を教えてもらいました。浄土宗の僧侶ということでしたが、聞いたことがない名前だったので怪しさを感じました」

こう語るのは感応寺の成田住職です。成田住職は不審に思って電話をかけたところ、電話口からは「はい、お寺です」と、寺院名を名乗りませんでした。戒名と寺院名を聞いたところ回答をはぐらかされ、それきり連絡がなかったとのこと。電話番号から住所を追跡してみると、Ｇｏｏｇｌｅマップで普通の民家が表示され、いわゆる俗にいう〝マンション坊主〟であることが分かったそうです。

マンション坊主とは運営するお寺を持たず、一軒家やマンションなどに住み、葬儀社や僧侶紹介業者の依頼に応じて葬儀や法事でお経を唱える僧侶を指します。中にはさまざまな宗派のお経を読む僧侶がいたり、そもそも僧侶の資格である僧籍を持たない、偽者の僧侶もいます。

「同じ宗派のお寺で葬儀を執り行われた方ならば、戒名のつけ直しはしません。しかし、マンション坊主が考えた戒名ということでしたら、戒名のつけ直しは必要になります。葬儀社に頼むなら、ホームページやＧｏｏｇｌｅマップで本当に実在するお寺かを調べ、僧侶の身元確認はしっかり行いましょう。葬儀だけでなく、四十九日忌や納骨などもありますので、後々のことも含めて受け入れてくれるお寺にお願いするようにしましょう」

最近は葬儀社が僧侶の質にこだわるため、派遣される僧侶の質も上がってきているそうです。一見ではマンション坊主や偽者の僧侶と分からないこともあるので、本当に実在するお寺か、正式な僧侶なのかをインターネットも活用して必ず確認しましょう。

安物買いの銭失い

菩提寺がある人でも、葬儀のお金が気になるがあまり、インターネット経由で菩提寺以外の僧侶をお願いすることもあります。しかし、結果的には高くついていると指摘するのは、妙法寺の久住住職です。

「妙法寺が菩提寺のご家族で、お父さんが亡くなられた際、息子さんがきっと妙法寺はお布施が高いだろうと思い込み、葬儀社経由で派遣僧侶を頼み、妙法寺が関わらない形で葬儀が行われました。お寺からはお布施について金額を伝えたことがないのに、勝手にそう思い込んだようです。後で聞いたら結果的には妙法寺に依頼したほうが僧侶のお布施だけでなく、葬儀社も安くすんだことが分かり、息子さんはショックを受けていました。全部ネットのほうが安いと思い込むのは、浅はかだと思います」

お寺に相談せずに行った葬儀で、結果的に葬儀社に手玉に取られるケースがあると正《しょう》蓮寺《れんじ》（静岡県・真宗大谷派）の渡邉元浄《わたなべげんじょう》住職も指摘します。

「ある檀家さんが『こんなにお金を取られるの？』と、葬儀社の請求書を持って泣きついてきました。たまたま別の檀家さんが、同じ葬儀社で1週間前にまったく同じプランで葬儀を行っていたのですが、会場使用料をはじめ多くの名目で金額が上乗せされていました。聞いたところ、受付を家族ではなく葬儀社が代行し、香典というお財布事情が葬儀社に伝わってしまったことが要因のようでした。お金が絡《から》むので、良心的な葬儀社は受付を引き受けることはありません。後の祭りですが、『住職がお寺葬、お寺葬と言っていた意味がようやく分かりました』とその檀家さんは肩を落としていました。『だから言ったじゃない』と慰《なぐさ》めるしかありませんでした」

悪質な葬儀社とは違い、お寺は檀家さんを守ろうとしますので、お寺をうまく活用することで葬儀費用を引き下げることが可能です。葬儀において「安さ」を求める時も、家計事情に応じて心あるお寺は最適な提案をしてくれますので、お寺はお金がかかるという先入観を捨てて率直に相談したほうが、「安物買いの銭失い」になるリスクを減らせます。

お寺もいろいろ

悪質な葬儀社だけでなく、好ましくない振る舞いをする残念なお寺も当然存在します。筆者は仕事柄、少なからぬ葬儀社と出会ってきました。その際、お寺に対する積もり積もった不満を吐き出す方は少なくありません。今までに聞いた不満の一部をご紹介します。

プロ意識が高くない

・僧侶自身が「何のプロか」を分かっていない。生老病死に向き合う生き方や心構えを伝えていくことが本分であるはずだが、自分の存在意義を分かっていない。

・宗派では儀礼や坐禅を教えるが、人々の苦に応えていくこととの結びつけが教育されていない。たとえば、お彼岸の意味は知っているが、それが現代人にとってどのように必要なのかを説明できていない。

・お経が下手な僧侶がいる。もともと音痴な可能性もあるのでその点は譲ったとしても、故人の名前や年齢を間違えるのは最低。プロ意識が低い。

・会場に着いたら式場の確認をせず、導師控室に開始時間までずっといて、「おい、遺族呼んで来い」と横柄《おうへい》に言う住職がいる。せめて式場に一度入って、故人に手を合わせてほしい。

受け手視点が希薄。話も上手くない

・お墓がない遺族には檀家になってほしいので、通夜の場でお墓の売り込みを堂々とするのは勘弁してほしい。後日、こちら（葬儀社）にクレームが来る。
・自死された方の遺族にきわめて無神経なことがある。通夜の法話で「自死は必ず地獄に落ちる」と言い放ったり、ある浄土系の住職は「死んでくれておめでとう。ようやく阿弥陀さんの極楽浄土に行けましたね」と。悲しみにくれる遺族を前にして、人間として言うことなのかと思う。
・焼香の回数と作法にどれほどの意味があるのか。形にこだわるよりも、故人と丁寧に向き合う気持ちのほうが大切ではないか。ある宗派の住職は、通夜法話に際して故人と遺族そっちのけで「清め塩」は駄目だということを延々と話していた。清め塩だって遺族からすればどうでもよいことだと思う。

約束の時間や最低限のマナーを守らない

・葬儀の時間をお寺が間違えることがある。お寺にＦＡＸして、前日に電話をして確認しても、「お寺さん来ないなぁ」ということがある。会社として以前集計したところ、全体件数の１割でお寺が葬儀の時間を忘れたり、遅れたりしていた。

・とても大きな市民霊園の式場で葬儀をした際、ある寺院が大幅に遅刻した。よく葬儀会場になっていたにもかかわらず、「直前に連絡してこなかった」「遺族の前で謝罪をしろ」と葬儀社のせいにされ、怒りをぶちまけられた。
・葬儀中に携帯電話が鳴って、お経を中断して電話に出た住職がいた。しかも、すぐに切らずに用件を話し、お経を再開する際に謝りの言葉がなく、驚いた。

葬儀社は立場上、宗教者としての住職を立てる必要があるため、言いたいことをグッとこらえる場面が多いのが実情です。遺族や参列者の前で、僧侶が葬儀社の担当者や後輩僧侶に対して言葉にするのも憚《はばか》られるハラスメントを振るうケースも耳にしますし、週刊誌に書かれるような高額のお布施が一部に存在することも事実で、遺族が葬儀社の担当者に泣きつくこともあります。

このようなストレスがいろいろとあるのでしょう。葬儀社の方とお寺について話すと、不満から話が始まらないことはありません。悪質な葬儀社だけでなく、残念なお寺も存在するのが現実です。葬儀社選びもお寺選びも失敗しないよう、詳しくは第四章以降をご参照ください。

争族となる相続

故人と過ごす最期の夜に、葬儀会場からドンドンとものすごい騒音。遺族が取っ組み合いの大喧嘩をしているというのは、けっして珍しくないエピソードです。遺族をつなぐ重しだった故人が亡くなり、供養の場で遺族が揉め始めることがあります。戦前の家督相続の名残りがいよいよ消え、戦後の法定相続によって遺族が骨肉の〝争族〟を繰り広げます。

「葬儀には人が集まっていたのに、四十九日忌や一周忌で一気に人が減る場合があります。たとえば土地の取り分など、相続のトラブルで法事に呼ぶ人数が減っていくのです。法事に呼ばれなかった人は、お寺に事前に来て親族間のトラブルを話します。お寺は揉め事に首は突っ込みませんが、両方の言い分を聞かされます」

こう語るのは最明寺の加藤住職。法事に呼ばれなかった人が持ってきたお供えを、法事の施主に渡すこともあるようです。葬儀を境に断絶する家族の縁を見ることが辛く、時々は住職という立場として教え諭《さと》すこともします。「故人は、後に続く家族全員が幸せにと思っているはずです。葬儀の今日だけはお互いが腹の虫を治め、みんなで故人をお見送りしましょう」と。すると「住職、申し訳なかった」といったんは遺族の気持ちは落ち着くそうです。袈裟《けさ》姿の僧侶やお寺という場の力は、乱れた遺族の心にも有効に機能するようです。

実際に、筆者も社員の仲が険悪ないくつかの企業のワークショップをお寺の本堂で行った経験がありますが、ご本尊を前にすると自然にエゴを抑制する力が働くのか、一度も場が荒れたことはありません。人間のエゴを抑制するお寺の場の力は、人間関係を整えることにも有効と考えます。

実際、法定相続の時代に仏教的な価値観を活かし、お寺が相続に積極関与することの意義が大きいと語るのは、長谷寺の岡澤住職です。

「遺産相続は先祖の業《ごう》（カルマ）の相続です。故人も人間ですから、生きてきた中で善い業だけでなく、悪い業も重ねてきています。自分だけが良い財産を相続するという都合の良いことはできず、財産と関係する故人の業も相続しなければなりません。したがって、どのような財産にも業が紐づくのですから、相続で一人勝ちなんてことはありません」

善き業は自分の生き方に活かし、悪《あ》しき業は後世に引き継がないように自分の人生において正していく。財産のみに執着し、エゴ丸出しの相続ではなく、長期的な視野に宗教的な見方も加えて相続を捉え、残された家族が仲良く円満に生きていくあり方につなげていくべきと、岡澤住職は語ります。

「故人がすでにこの世にいないのに、この世に生きる人に悪影響を残すことを昔の人は祟《たた》りと呼びました。その意味では、後世に良い人間関係を残さない不手際は祟りになると言えます。この世に残る人々を健全な関係性に編み戻して死ぬことが、良い死に方ですね」

岡澤住職は、仏教的にも遺言は重要と指摘します。公正証書遺言は理想ですが、辞世の句やエンディングノートなど、故人が感じられるものでも効果的だと言います。

以前筆者が企画・運営した「現代の僧侶を考える会」では、供養を円満な相続を導く機会にするというアイデアが出ました。具体的には、公正証書遺言のうち1通をお寺が預かっておき、四十九日忌などの法事の機会に「遺言書鋏《はさ》み入れの儀式」を設けるというものです。お寺という場の力を活かし、相続が始まる節目の機会を提供することで、家族関係を円満に整えていく一助にします。

第一章で「善く生きる誓い」という供養の意味を確認しましたが、故人の業や財産を円滑に相続していくことは、家族みんなで故人に対して善く生きる誓いを立てることとも捉えられます。むき出しのエゴがぶつかりやすい法定相続の時代において、供養の力を活用して家族の新たなスタートにつなげていくことが争族にならない知恵であり、失敗しない供養と言えます。

また相続の際に、お墓や法事などを主宰する祭祀継承権を面倒なものとして、家族間で意地悪のように押し付け合うケースもあります。子孫の幸せを願う先祖という存在が、後世にとって意地悪のツールになるのは残念なことです。先祖が不幸な状態で浮遊しないよう、祭祀継承権の取り扱いについても家族全員が納得できる形で、遺言に明記しておくことが大切な時代と言えるでしょう。

親という字は、「立」と「木」が位牌を、「見」は子孫が位牌を仰ぎ見る様子を指します。つまり、親になるとは子どもを育てることだけではなく、亡くなった後に子どもたちに祀《まつ》られてはじめて、真の意味で親になると言えます。

誰にも争族になる可能性がある時代だからこそ気持ちよく供養してもらえる親になれるよう、まだ命がある間に子どもや孫の円満な関係性に心を配り、供養の大切さを行動で示していくことが大切と言えます。

取返しがつかない埋葬がある

葬儀は後日に弔い直しなど、何らかの対応ができますが、お骨に関しては取返しがつかないものがあります。まず代表的なものとして合祀埋葬（他人のお骨と混ざる形で埋葬されること）が挙げられます。人間の気持ちは変化するので、一時の判断だけで合祀するのは慎重にしたほうがよいと語るのは、感応寺の成田住職です。

「お骨についてやり直せないことは、無理に決めないでほしいです。たとえば、家族間で合意が取れていないのに勝手に合祀してしまい、後で遠方に住む家族がお骨をよこせと言ってきて、トラブルになるケースがあります。袋などでお骨を分別管理せず、お骨が他人と混じり合う合祀の場合、取り戻すことは不可能です」

感応寺の永代供養墓では最初から土中に合祀するものと、指定の年数まで骨壺のまま埋蔵するものが選べるとのこと。後に年数を延長する人も多いようです。

「年月が経つ中で、故人に対するご供養の気持ちで、他人のお骨と一緒にするのは忍びないと思う気持ちが芽生えるようです。仮に合祀するにしても、お寺や住職と付き合う中で安心感を覚えてからでも遅くはありません。お骨は長い時間軸のお付き合いになりますから、信頼関係が大切です」

また、取返しがつかない供養として、海などへの散骨も挙げられます。本休寺の岩田住職は次のように語ります。

「日本人はお骨信仰が強いので、多くの人は手を合わせる対象がないと納得できません。位牌だけでは納得できないのです。何らかのお墓にお骨を収めることが必要なのだと思います。すべてのお骨を海に散骨した遺族から、後年に散骨した場所に船で行っても、ただ海が広がっているだけで故人が感じられず、激しい後悔を覚えたという話を聞きました。日本人にとっては手を合わせられる明確な対象が必要で、大海原は広すぎて手合わせの対象としては難しいのです」

散骨を通じては、実際に数々のトラブルも見てきたとのこと。

「散骨を希望する故人の手記があったり、拇印を捺《お》していないと揉めますね。その際は、家族（子・孫）に伝えるだけでなく、親戚などの第三者（故人の兄弟や遠縁の親族）にも生前から伝えることが重要です。実際、家族としては故人の意思を尊重したにもかかわらず、『散骨するなんて何事だ』と親戚から怒鳴られるケースを見てきました。散骨は取返しがつかないですし、生前からの十分な対処が必要ですね」

対処方法としては、すべてのお骨を散骨せず、一部は骨壺に収めてお墓や納骨堂に納めることが考えられます。

また、亡くなられてからすぐに散骨せず、数年間待つことも大切です。遺族も気持ちが変化しますから、時間が経つ中で故人の思いに落ち着いて向き合い、冷静に判断することもできるでしょう。

第四章

理想の葬儀を実現するノウハウ

供養の自由化が進む時代では、供養の形は人によって異なります。

本章以降では、失敗することなく、自分に合った供養を具現化していくノウハウをご紹介します。供養の中核には儀礼がありますので、まず本章では葬儀と戒名、そして法事という供養のソフト面をテーマにします。興味のあるテーマからお読みください。

【葬儀】

葬儀社を吟味する

まず、葬儀について見ていきましょう。葬儀の際は相談する葬儀社を間違えないことがとても大切です。人生に何度も喪主を経験することはないため、葬儀に関する知識や経験値はたまりにくく、遺族と葬儀社には著《いちじる》しい知識と経験のギャップが存在します。

大切な人を亡くした混乱と疲労で、正常な判断が難しくなっている真っただ中で、葬儀を執り行うためにさまざまな事柄を一つずつ決めていく必要があります。

真言宗の僧侶であるとともにお寺葬（お寺の本堂などを会場にする葬儀）を軸にした葬儀社を経営する足立信行《あだちしんぎょう》社長（株式会社T－sousai）は、亡くなった故人を引き合いに出すセールストークには注意が必要と言います。

「『こんな小さな祭壇では、亡くなったお父さまが悲しみますよ』とか、『セットプランのこの無料の棺だと、お母さまは恥ずかしくありませんか？　お母さまはこちらの豪華な棺のほうが喜ぶのではないですか？』など、故人という重要な存在を利用して不安を煽《あお》るケースは現在もなくなっていません。注意が必要です」

足立社長は、遺族に菩提寺がある場合には、お寺に葬儀の見積書を見てもらうことや、葬儀社との打ち合わせに同席してもらうことを提案しています。葬儀の適正な価格、適切な商品などがまったく分からない遺族にしてみれば、不安の最中に菩提寺の僧侶が横にいることはとても心強いでしょう。お寺でなければ親戚・友人など、とにかく遺族とは違った第三者に見てもらう重要性を指摘します。

また、近年はインターネットで葬儀社を選ぶケースも増えています。その際の注意点を瑞相寺《ずいそうじ》（山口県・浄土宗）の三谷彰寛《みたにしょうかん》住職は指摘します。

「インターネット経由の有名な葬儀ブランドはいくつかありますが、葬儀ブランドの運営会社は情報をつなぐ機能だけで、実際の葬儀オペレーションは各地域の葬儀社が担います。それならば地元の葬儀社と直接つながっておけば、葬儀ブランドの運営会社のマージンは不要になるので葬儀費用は安くできます。

葬儀社選びは、インターネットよりも地域の口コミや評判が一番です。地元のつながりが弱く、地域の口コミに触れられないと、結果的に情報弱者となって、葬儀で不利益を被《こうむ》る可能性が高まります」

口コミで地域の葬儀社を絞り込んだら、葬儀を施行する担当者を選べるのか、相談に対応する担当者と実際の施行担当者は同じなのかなどの点も、確認することが大切です。そして、「あなたは家族が亡くなった際も、自分の勧める葬儀社に施行を依頼しますか?」と質問し、その理由に納得できるかどうかも重要だと、三谷住職は強調します。

お寺を選ぶ

葬儀社だけでなく、仏式で葬儀を営む場合は、お寺を選ぶことも大切です。妙慶院の加用住職は次のように指摘します。

「お寺のお付き合いがない場合、葬儀社経由でお坊さんをお願いするのは運ゲームです。

事前にお坊さんを探しておくことはとても大事です」

そして、事前にお寺が決まっていると、諸々のメリットがあるとも。

「お寺からの紹介だと葬儀社も手を抜いたり、無茶できません。ご相談をいただいた場合、どのようなお葬式をしたいかによって、ご紹介する葬儀社を替えます。会館などのホールを希望する方もいれば、お寺の本堂を希望する方もいますので、どの葬儀社が合うかをコンシェルジュ的にご提案します。お寺とのお付き合いは住職との相性もあり、いくつかのお寺を見るといいですね。インターネットである程度の情報は手に入りますし」

実際に筆者も、お寺から紹介いただいた葬儀社にお世話になりました。お寺との調整はスムーズだったことに加え、要望にも丁寧に応えてくれました。

妻の希望で、祭壇を大量の花で飾るよりも、小さい赤ちゃんで亡くなった息子に釣り合うよう、主張しない適量の花で飾ってほしいと担当者にお伝えし、「お寺は本堂が飾られているので、少量の花でも十分です」と前向きに受け止めてくれました。

結果的に葬儀社の費用も約50万円程度におさまり、納得感がありました。葬儀社から後日に聞いた話ですが、若い夫婦なので葬儀費用を配慮してほしいという住職からの働きかけもあったようです。

ただ、担当者も無理に自社の利益を削《けず》ったのではなく、私たち夫婦の要望を丁寧に実現したままで、「利益はあるのでお気遣いなく安心してください」と冗談交じりにおっしゃっていました。いずれにせよ、お寺から紹介いただいた葬儀社なので費用面での心配・疑念がまったくなく、息子を送ることに集中できたのはありがたいことでした。

お寺を選ぶ際に、興味深い視点を語るのは、正蓮寺の渡邉住職です。

「私たちは笑顔の遺影を見る機会が多いのですが、実際に亡くなった方は目を閉じています。数多くの亡き人のお顔を拝見してきましたが、目を閉じたまま微笑《ほほえ》まれているように見えます。ご遺族からの『ほら、住職さん来てくれたよ!』という言葉に、私も悲しみながら亡き人と微笑み合います。目を閉じたまま微笑み、こちらも笑顔になる関係性は家族、友人、職場だけでなく、お寺や葬儀社を含めてお葬式に携《たずさ》わるすべての方と生前に素敵な関係性を作ってきた証《あかし》と感じます。そして、それはお寺の住職にも当てはまり、素敵な住職は多くのご縁と良き関係性を作っていると思いますので、『この人は目を閉じた際も笑っているはず』と思える住職と、ぜひ出会っていただきたいです」

良いお坊さんの3要素は読経、立ち姿、笑顔だと聞きます。仏教では無畏施《むいせ》（恐れを取り除き安心を与える）を大切にしています。筆者も多くのお坊さんと出会ってきましたが、自然で和《なご》やかな笑顔をされるお坊さんの笑顔と触れていると安心感を覚えます。

人間は死んでいく際にすべてを手放していかなければいけませんが、死に臨む時にそばで優しく微笑みながら「怖がらなくていいですよ」と伝えてくれるお坊さんと出会えたら最高ですね。実際、筆者もお坊さんと会う際、自分の臨終の枕元に座ってほしいと思える人かどうかという視点を持っています。お寺との出会いはお坊さん（住職）との出会いですので、良き友人を簡単には得難いのと同じように、良きお坊さんとの出会いを楽しみながら、お寺を選ぶのがよいかもしれません。

お寺選びのポイントは第六章で解説していますので、ご参照ください。そして、お寺が葬儀社の良し悪しを判断するのと同様に、葬儀社にもお寺の評判を聞きましょう。

お寺葬という選択肢

コロナ禍以前から、お寺の本堂などを葬儀会場とするお寺葬は増える傾向にありました。参列者が小規模化したことで家族葬が増え、適度な大きさの会場としてお寺の本堂が選ばれやすくなったことに加え、遺族にはさまざまなメリットがあることも背景にあります。

葬儀と言えば葬儀社や互助会、農協の葬儀会館というイメージが定着していますが、後述の自宅葬とあわせて、お寺葬という選択肢を知っておくことは有益です。

お寺葬の一点目のメリットとして明朗な金額が挙げられます。お寺が懇意にする安心な葬儀社と協力し、お寺葬に必要なものに絞った30万円から50万円程度の葬儀プランを準備しているお寺も多く、安心価格で葬儀を営むことができます。

特にお寺の場合は、普段からご本尊とその周辺が美しく飾られているため、新たに葬儀用の祭壇を設営したり、大量の花で飾る必要がありません。また、会場使用料も良心的ですし、そもそも使用料がないお寺もあります。結果的に葬儀費用を安くすませることができますし、お寺によってはお布施込みの葬儀費用を提案しているお寺もあります。

二点目として、お寺が会場となるため、住職の判断で遺族の要望を柔軟に取り入れやすいことが挙げられます。

本堂でのお寺葬（正蓮寺）

お寺葬に取り組むお寺は檀家さんをはじめとした受け手の視点を持つ住職が多いため、遺族の要望に応じて葬儀を柔軟にアレンジすることが可能です。

一例を挙げれば、正蓮寺の渡邉住職は、お寺葬が遺族にとって良い記憶として残るよう、工夫をしています。亡くなってまもない故人の枕元で読経する枕経を遺族と一緒にお勤めし、遺族から故人の思い出を聞きながら、通夜・葬儀をどのような弔いの時間にするかを一緒に考えます。遺族の要望に合わせて葬儀の式次第をアレンジするとともに、遺族からのヒアリングをふまえて考えた故人の法名《ほうみょう》（浄土真宗における戒名）の由来や意味を資料に記載し、お通夜で遺族に説明します。

また、会場となる本堂の一角には故人の思い出の品々を飾るとともに、通夜後の会食は故人の好きな曲を流しながらそのまま本堂で行います。近くに故人の遺影や棺も見えることで一緒に会食の時間を過ごしている感覚になり、テレビモニターに流れる故人の思い出映像をみんなで見ながら、話にも花が咲くそうです。満足度の高い葬儀が評判を呼び、8割以上の檀家さんがお寺葬を選んでいます。

そして、お寺葬のメリットの三点目として、安心のアフターケアが挙げられます。

供養は葬儀だけにとどまらず、四十九日忌や一周忌、お墓や仏壇など多岐にわたります。住職は供養のプロなので、葬儀後の供養について相談すれば、仏具店や石材店の紹介も含めて、要望に応じた供養の方法を提案してもらえます。特にさまざまな事情でお墓をすぐに決められない方にとって、相談先としてお寺はとても頼りになるでしょう。

では実際に、どのような方がお寺葬を選ぶのでしょうか。

金額的なメリットからお寺葬を選ぶ人が多いと思いきや、本物の祈りの空間で葬儀を挙げることに魅力を感じる人が多いようです。筆者も息子をお寺葬で送った体験から、しっ

荘厳を活用したお寺葬の祭壇(龍興院)

かりした空間と儀礼で送ることが、お寺葬の最大の魅力だと感じます。本堂という長年祈り込まれた空間、本物の仏具、心が伝わってくる僧侶の読経と法話。そして、今も私の記憶に残るのは出棺の時です。みんなで棺に花を手向けた後、本堂前面の戸が開き、後ろのご本尊に「行ってらっしゃい」と息子が送り出されているような感覚がありました。

一方、お寺からは、「お金が心配な人にはお寺葬をすすめます」という答えが、多く返ってきます。龍興院《りゅうこういん》(東京都・浄土宗)の大《おお》島慎也《しましんや》副住職は、ある檀家さんが亡くなられた際、ご家庭の経済事情を知っていたため、お寺葬を提案しました。

「ご家族と一緒に納棺した際、『こんなに軽くなっちゃって』『今まで大変だったね』とご家族が故人に声をかけながら、ゆっくり時間を過ごされていました。ご家族は通夜の時からとても満足されたご様子で、『こんなに丁寧にありがとうございます』と感謝をいただきました。お葬式で感謝されることは珍しいため、こちらが驚いてしまいました」

お寺葬に感動されたこのご家族は、近所の人にもお寺葬をすすめられ、今や龍興院のお寺葬を推進する応援者になっているそうです。

「経済事情からお寺葬をおすすめしましたが、経済性や効率性ではなく、ゆっくり落ち着いた時間を過ごし、丁寧に弔いのプロセスを重ねられたことが満足につながったと思います。心からの気持ちを表す送り方として、お寺葬はとてもふさわしいと思います」

お金があるからといって、良い供養ができるわけではありません。経済事情にかかわらず、本物の祈りの空間と儀礼で送ってほしいと思う人や、丁寧に故人を送りたいと思う遺族にとって、お寺葬は優良な選択肢の一つと言えるでしょう。

自宅葬という送り方

古くは自宅で行われていた葬儀ですが、昨今は葬儀社や互助会、農協などの葬儀会館で行われるのが主流となりました。しかし、家族葬などの参列者が少ない葬儀が増えたことで、お寺葬だけでなく自宅からの葬儀も増えつつあります。自宅から会館に出ていった葬儀が、また自宅に回帰しているというのは、興味深い現象です。妙法寺の久住住職は次のようなエピソードを語ります。

「3世代で住むご家族が、おばあさんのご葬儀を自宅で挙げたことがありました。おばあさんが自宅で転んで骨折し、救急車で運ばれて入院されました。コロナ禍のため家族がお見舞いに行けず、日頃は孫にも囲まれて賑《にぎ》やかに大家族で暮らされていたためか、おばあさんはふさぎこんで衰弱し、お亡くなりになりました。おばあさんはさぞ家に帰りたかっただろうと考え、自宅からみんなでワイワイしながら送り出すことになりました」

家族の半分が中学生以下のため、すぐに寝られることも、葬儀会館ではなく自宅葬が選ばれた理由です。子どもたちは翌日に学校の試験があったため、前日の通夜にお別れの儀式を行いました。おばあさんの棺を祭壇に向かって横向きではなく縦向きに置き、棺を取り囲むように椅子を配置して、家族全員で読経しました。そして儀式の後はみんなで棺に花入れを行い、一人ひとりが書いた手紙も納めました。翌朝に子どもたちはおばあさんと最期のお別れをしてから通学し、残った大人たちで火葬に立ち会ったそうです。

「新型コロナが広がる以前は、葬儀会館で葬儀を営むことが主流でした。しかし新型コロナが広がり、自宅での家族葬に触れることで、自宅から最期を見送る良さを再認識しました。多くの友人や仕事仲間が来る場合には、会館のほうがよいかもしれませんが、ご遺族の希望に合わせて自宅葬も提案していきたいです」

日本財団の「人生の最期の迎え方に関する全国調査（2020年11月実施）」によると、人生の最期を迎えたい場所として「自宅」と答える人は58・8％にのぼり、「医療施設」の33・9％を上回って過半数を超えます。その理由としては「自分らしくいられる」「住み慣れている」などが挙げられています。葬儀に関する調査ではありませんが、最期を迎える場所として自宅を希望する人は、家族の事情や条件が許せば、自宅から見送られたいと思う人も多いのではないでしょうか。

ちなみに筆者の祖父の葬儀は、自宅で行われました。戦後に長野県から上京した祖父は商売を営み、東京に自宅を構えました。自宅葬が選択されたのは、祖父が高齢で亡くなったため親戚以外の参列者がいなかったことや、祖父の人生が詰まった自宅から最期を送り出してあげようという、父や叔父たちの心遣いだったと思います。

祖父母の自宅は1階が家業の店舗だったため、2階にある祖父母の居住スペースが会場となりました。祖父が眠る和室の戸を取り外し、座布団をたくさん並べての会場準備。お坊さんが読経するスペースをできる限り確保しようとしましたが、通路を作ることも難しいギュウギュウな状況。結果として親戚全員が棺を見ることができる場所に入りきれず、隣りの部屋に何名か座って葬儀が営まれました。

火葬場へ出発する際はたくさんの男手で棺を持ちながら、階段を下って1階の玄関に向かいました。階段が急だったため棺がかなり傾きながらも、『そっちは大丈夫か？』『こっちはＯＫ！』などと、みんなで声をかけ合いながら慎重に下りていったことを覚えています。

小さい時から帰り際に祖父に見送られることはあっても、祖父を自宅から見送るのは最初で最後の経験。本当にお見送りという感じでした。馴染みのある空間で営まれた葬儀は、親戚みんなで協力しながらの手作りだったこともあり、今も記憶に残っています。

地域社会のつながりが薄れ、現在は葬儀社がなくては葬儀が成り立ちにくい時代です。ただ、葬儀のオペレーションが外部サービス化されていく中で、葬儀の一番の当事者であるはずの遺族は、お客さま化が進みました。第一章で供養に手間をかけることは幸せともつながっていると述べましたが、住宅事情や遺族の状況が許すのであれば、自宅葬は良い選択肢の一つだと考えます。

弔辞の意義

家族葬が増えることで、故人と生前に縁のあった友人や職場の同僚による弔辞《ちようじ》は減りました。弔辞が社会的な儀礼の性質を帯びていたことが減少要因の一つですが、結果的に葬儀で弔辞を聞くことは、ほとんど無くなりました。しかし、家族の要望を供養に組み込みやすくなってきた現在こそ弔辞の意義があると語るのは、感応寺の成田住職です。

「家族・親戚からのお別れの言葉が入るのは、気持ちが入りますね。特にお孫さんが手紙を読むケースは記憶に残ります。『おじいちゃん、ありがとう』という心のこもったメッセージは、私の引導はいらないくらい十分な供養になっていると感じます。故人や遺族の思いを形にして儀礼に組み込むことで葬儀の意義も高まりますし、自然と涙や笑いも誘われて参列者の雰囲気も良くなります。今日は良い葬儀だったと、遺族も思えるのではないでしょうか」

大龍寺の三浦賢翁《けんのう》住職は、1歳下の実弟を亡くした際の葬儀で、弔辞の良さを実感したそうです。

「弟はバイクのオフロードレースを主催し、癌《がん》を患いながら亡くなる直前までコースに出て草刈りをしていました。最後のレースを無事に終えて12日後に亡くなった際、バイクを積む大きな車で病院に迎えに行き、ガレージを開けて愛車を見せ、生まれ育った実家のお寺で葬儀をしました。レース仲間の弔辞や弔問客の話で、実は弟がものすごく顔が広いことが分かりました。母は友達がいないと思い込んでいましたが、各地のレースでテントに泊まる際、弟はあちらこちらのテントに酒を持って話しに行き、レース仲間から尊敬されていたそうです。仲間の喜ぶ顔を想いながらレースの準備をし、最期まで自分らしく充実した人生だったと知り、私たち家族は救われました」

現在、三浦住職は弟の友人たちと一緒にレースを引き継ぎ、その継続に尽力されています。レースを継続していくことが弟への供養だと感じている、とのこと。

「家族葬だと、家族には見せない故人の違った顔を見れません。会社、趣味、学校など、故人にはいろいろなつながりがあります。特に新型コロナになってから本当はお悔やみに行きたいけど行ける場所がなく、遺族と連絡がつながっても『もう終わりました』と言われてしまいます。友人として遺族に伝えたいことがいっぱいあるものの、伝えるチャンスがないのは、故人だけでなく遺族にとっても不幸なことです。もし遺族以外の参列が可能で、弔辞の機会を設けられるのであれば、ぜひおすすめしたいです」

第一章で供養の意義の一つとして「人格の記憶（忘れないこと）」に触れましたが、弔辞は故人の本来の姿を多面的に明らかにしていくことにつながります。義理で行う儀礼的な弔辞は不要ですが、故人と心からの思い出を共有した遺族以外の第三者が行う弔辞は、葬儀が簡素化・小規模化する時代において、故人を知るための貴重な営みではないでしょうか。

お寺へのファーストコール

第三章の冒頭で葬儀の失敗エピソードを読まれた際、自分はこのようなパターンに陥ることはないと思われた方は少なくないでしょう。しかし、甘く見てはいけません。大切な人が亡くなった時、何も考えられず思考停止状態になる人は少なくありません。

確率論で出会う可能性のある悪質な葬儀社にとって、そのような状況の遺族を手玉に取ることはたやすいでしょう。筆者自身も息子を亡くした際はまさに思考停止状態でしたが、私はたまたま連絡するお寺があったことに救われました。そう、お寺とつながっていると葬儀の際に救われるのです。

正蓮寺の渡邉住職は、病院から自宅などに遺体を搬送した葬儀社に必ずしも葬儀を依頼する必要はない、と指摘します。

「喪主、葬儀社、住職の3者の打ち合わせを大切にしています。その場では、ご遺体の搬送とお葬式の施行をお願いする業者が別でもいいと、喪主にしっかり伝えています。もちろん葬儀社から嫌な顔をされることは少なくありませんが、ご遺族のためを思って伝えるべきことは伝えます」

清元院《せいげんいん》(鳥取県・曹洞宗)の井上英之《いのうええいし》住職も、搬送と葬儀は別に考えるべきと強調します。

「『葬儀社に遺体を安置しているけど、これからどうすればいいですか?』という檀家さんからの電話はよくあります。話し合いの結果、お寺葬になることもあり、そこからご遺体をお寺に移し、時には別の葬儀社になることもあります。お寺としても葬儀社とは良好な関係を大切にしたいので、その際は『ごめんなさい』と謝ります。しかし、ご遺族にとって最良の選択になることが最も大切なので、住職としては檀家さんファーストで行動します」

葬儀はきわめて短期間のうちに、多くのことを決めていく必要があります。しかし、喪主を経験することは人生においてきわめてまれであり、葬儀において一般人は素人です。したがって、遺族側の立場で葬儀社などの専門業者との交渉をサポートしてくれる存在はとてもありがたいことです。お寺の目があると業者も悪いことはできないので、まずはいろいろなことを決める前に早い段階でお寺に一報することが大切です。「大切な人が亡くなったら、すぐにお寺にファーストコール」。これだけ覚えておけば、葬儀で失敗することはないでしょう。

遺族の希望を積極的に伝える

納得のいく葬儀を実現するために、どの住職も強調することが「遺族の要望があれば気にせず積極的に伝えてほしい」という点です。本立寺の中島副住職は、あるエピソードが心に残っているそうです。

「亡くなったお母さんのおかげで音大を出させてもらったから、葬儀に演奏を組み込みたいという相談が娘さんからありました。もちろん承諾し、実際に当日は演奏していただきました。時々こちらが『え？』と驚く相談もありますが、参列者が故人に寄り添う思いを表現するのはシンプルに良いことですし、さまざまな場面で参列者が参画する供養はお寺にとってもうれしいことです」

自己表現が重視される時代において、供養にもその流れが生まれるのは必然なのかもしれません。葬儀や法事などの供養には長年にわたって磨かれてきた伝統的な型があり、その型を逸脱することはためらわれがちです。

伝統芸能の世界でも、歌舞伎役者の故第18代中村勘三郎《なかむらかんざぶろう》は「型があるから型破り。型が無ければ形無し」という趣旨を繰り返し強調したと聞きます。伝統芸能と同じく供養も型が重要であり、その型には故人と遺族に安心をもたらす、歴史を超えた叡智《えいち》が詰め込まれています。叡智が詰まった伝統的な型を担保する確かな僧侶に相談することによって、遺族の要望や自己表現を適切に儀式に組み込むことが可能になります。故人への思いを表現する前向きな型破りの供養となることで、記憶に残る満足度の高い供養になるのではないでしょうか。

しかし、誤解していただきたくない点があります。遺族が葬儀の要望を伝えることは、必須ではありません。悲しみと思考停止の中で、「こうしてほしい」「ああしてほしい」と要望やアイデアがたくさん出てくるのは不自然です。特段の要望がなければ無理に伝える必要もないですし、遺族としてはただただ悲しみに暮れ、伝統の型にお任せして故人を送るほうが後悔はないでしょう。長谷寺の岡澤住職も次のように指摘します。

「周囲に影響力のある人ほど、その方が亡くなると、関係者が深い悲しみに包まれ、思考が追いつかないため、独自のアイデアやパフォーマンスが出てきません。むしろ定番の型どおりの供養を行うことで、温かくて良いお別れだったと感じられます。混乱の中でも忘れたことやミスがなくなるのは、伝統的な型の安心感でしょう」

近年は「自由葬」などと呼ばれる無宗教の葬儀も登場していますが、型として決まった式次第もないため、時には参列者に混乱を引き起こすこともあります。そして、何より宗教儀礼のような厳粛さが薄いため、故人が死んだ感覚を参列者が持てないという締《しま》りの悪さもあるようです。

「この人は死んだ」という事実を関係者で共通認識として持つには、やはり宗教儀礼という重みは大切なのでしょう。まったく制約のない自由は不自由かつ不安であり、伝統的な型という制約の中で個性という自由を模索するほうが、安心をもたらします。

葬儀費用の工夫

相応の出費となる葬儀費用は納得感が大切であると、妙慶院の加用住職は指摘します。

「供養は手を抜かず、ちゃんとやったという感覚を持つことが大切です。過度にけちをしたり安くしたりすると、後で気になります。結果的な金額の高さや安さよりも、『あの時はあれが良かったんだよね、みんなでベストを尽くして判断したよね』という納得感が供養には大切です。まだ健康で余力がある時に複数の葬儀社の見学会に行ったり、お寺を選んでおくことが葬儀費用の納得感につながります。家を即決で買うことはありませんよね？　葬儀も同じです」

費用に困ったら住職に相談してほしいと語るのは、清元院の井上住職です。

「生活が苦しい方や、それぞれの事情で葬儀にお金をかけたくない方もいるでしょう。その場合は葬儀社だけでなく、住職にも伝えてもらえると工夫ができます」

たとえば、清元院の地域では、葬儀で飾られる土葬の道具、外のお墓に置く野位牌《のいはい》、四十九日までの中陰壇《ちゅういんだん》に使われる白い布など、必ずしも必要とは言えないものがいろいろとあるそうです。特段の要望がなければ、葬儀社はフルセットで準備することが一般的です。

「一つひとつの金額は大きくないですが、積み重なると大きな金額になります。葬儀社や互助会の会員になるとそれらがセットになっていますが、減らした分の金額を引いてくださいと、葬儀社にはお願いします」

また、儀式に関係のないところで費用が積み上がることがあります。たとえば、お坊さんの接待として、高級な玉露《ぎょくろ》や菓子をオプションとしてすすめる葬儀社もあります。過度な気遣いは無用ですので、真に必要なオプションに絞り込みましょう。

そして、お寺が葬儀社や仏具店に檀家さんを紹介すると、お寺にバックマージンが入ることがあります。良心的なお寺はバックマージンを断り、むしろその分の金額を檀家さんの請求金額から値引きしてあげてほしいと、業者にお願いします。バックマージンの取り扱いは見えにくいですが、お寺や葬儀社を選ぶ過程で種々の取引におけるバックマージンの有無や料率についても、率直に聞いてみることをおすすめします。

ちなみにバックマージンという点では、葬儀社やインターネット経由で僧侶を紹介してもらう際に、葬儀社やインターネットの紹介会社から僧侶には、お布施の5割以上のバックマージンが課せられていることは珍しくありません。中には7割を超えるケースもあります。営業紹介料としてのバックマージンそのものは否定することではありませんが、社会通念上の営業紹介料は1～2割、高くても3割です。

供養に関連する業界では異常とも言えるバックマージンが一部に発生しており、丁寧な供養のために包んだお布施の大部分が、お寺ではなく業者に還流している事実は、遺族として気持ちの良いものではありません。「お気持ち」と言われる、お布施のその後の取り扱いに、注意しましょう。

話を戻します。葬儀費用の工夫として、供養の費用を相続財産から出すというアイデアもあります。ある事例として、葬儀の執行やお墓などの見守りを娘に託すため、相続財産を活用した男性がいます。

男性には成人した息子2人と娘1人がいましたが、死後のことは信頼する娘にお願いしたいと考え、亡くなる1年前に娘を受取人とした死亡保険に入りました。息子たちには相続財産の一部をそのように生前に活用することを伝えておき、実際に男性が亡くなった後の葬儀、お墓、回忌法要などに関わる費用やお布施はすべて娘さんが保険金から出し、その具体的な明細についても兄弟に共有したそうです。法定相続で財産が分割される前に、自分の供養に関係する費用を生前のうちに確保する方策は、遺族に不要な争いを起こさせないためにも賢明と言えます。

また、信頼関係を前提として、子どもたちに託すお金の一部をお寺が生前に預かることもあります。法事や塔婆のお布施に相当するまとまった金額をお寺が預かることで、一周忌・三回忌などの機会に家族も負担なく会えることが可能になります。あの世からお金の使い道は指示できませんので、生前のうちにお寺に託したり、法的・金融的な手段を活用して供養の費用を確保することも現代的な供養のあり方と言えます。

花入れ

葬儀に欠かせない重要な要素として花があります。死者に献花する風習は世界中に存在し、世界最古の献花として、イスラエルでは1万年以上前のお墓から花が捧げられた痕跡が発見されています。花は故人への気持ちを表す象徴です。

近年は寺社を模《も》した彫刻祭壇よりも、多くの花でデザインされた花祭壇が選ばれるケースが増えています。花祭壇で豪華な見栄《みば》えを望む場合には当然費用も高くなります。気持ちの点では多くの花を使いたいが、費用は気になるもの。この相反する気持ちに、どう折り合いをつければよいのでしょうか。妙慶院の加用住職は次のように語ります。

「ある程度の大きさの花祭壇にすると、棺の中の故人が厚みのあるきれいな花に囲まれてとても良いものです。特に茎を切り、花だけにして棺を埋めた時は美しいです。実際に感動する人も少なくありません。一方、お寺葬は祭壇が小さくすむ反面、お花が少ないと顔の周りに並べるくらいしかできず、棺の中がスカスカして淋しく見えます。その場合は大きい花束を用意して、出棺の際に故人の上に置くなどの工夫が必要です」

花入れは、いよいよ故人とのお別れという雰囲気が漂《ただよ》ってくる場面です。その時にお花が足りず、故人が淋しい雰囲気になってしまうのは避けたいもの。一方で、近年は家族葬が主流のため、出棺までの限られた時間で大量の花を棺に入れる人手が少ないケースもあります。実際に筆者も親族の葬儀で、大量の花入れに追われた記憶があります。「お通夜の際に花入れをするケースもあります」と語るのは、妙法寺の久住住職です。

「見送る方々にとって、最期に故人の姿と対面できる花入れの時間は、葬儀のなかで最も大切な時間です。そのため、親戚や故人と縁があった人が集まるお通夜のタイミングにお花入れを提案することもあります。葬儀の日と違い、火葬時間に合わせて棺を閉じなければならないという焦《あせ》りもなく、ゆっくりと故人を見送ることができ、遺族のグリーフケアにもつながります。翌日は祭壇の花が減ってしまいますが、花入れによるものなのでご遺族にも納得いただけます」

親族でない場合、通夜の焼香時に故人の遺影しか見られず、棺の中の故人と対面できずに帰路に着く経験をされた方も多いのではないでしょうか。通夜の際の花入れであれば親族でなくても、眠る故人の顔を見て感謝とお別れを直《じか》に伝えることができますし、大量の花入れが目的化することもありません。通夜に花入れし、参列者次第では翌日の出棺の際にもう一度花入れする。せっかくの花を柔軟に活用する素晴らしい工夫です。

花入れは献花であり、一義的には故人への気持ちを表現するものです。豪華だから良いとか、最低限だから悪いとかではなく、葬儀の中で花にどのような意味を持たせるのかを考え、参列者数や費用などに鑑《かんが》みながら最適な活用方法を具体化することが理想です。

【葬儀のポイント】

●家族が亡くなると、正常な思考・判断が難しくなる可能性が高いことを忘れない。したがって、あらかじめお寺や葬儀社を探しておくことが大切

●葬儀社の選び方が重要。地域の口コミを参考にしたり、希望に合った葬儀社をお寺から紹介してもらうことも一案
●葬儀社経由のお寺紹介は運。後悔したくない場合は生前にお寺を探すことが大切
●葬儀社や互助会のホールだけでなく、お寺や自宅を会場とする葬儀も選択肢に入れる
●家族が亡くなった時、まずお寺に連絡（ファーストコール）すると段取りが円滑になる
●葬儀に関する要望があれば、お寺や葬儀社に積極的に伝えてよい。しかし要望は必須ではなく、伝統的な型に任せる葬儀でも十分に安心感につながる
●親しい友人などからの弔辞は、遺族が知らない故人の記憶に触れることができる
●葬儀費用を抑える方法はいろいろある。葬儀社の提案を吟味する相談相手としてお寺を有効活用する

【戒名】

本来は生前に授かるもの

戒名は葬儀、お墓、法事など、供養のすべてに関わる核心です。それほど重要なのに戒名は意味や価値が十分に知られず、「死んだ後にもらうもの」程度の認識が一般的です。

まず戒名とは、仏さまの弟子（仏教徒）の証《あかし》として授かる名前を指し、本来は生前に授かるものです。仏さまの弟子として授かった名前が象徴する生き方を心がけ、その実践に人を導いていくものが戒名の本来性です。

仏さまの弟子となる際の約束・誓いの内容は、多くの宗派で「戒《かい》」と呼ばれ、世間で知られている「戒名」という一般名称につながっています。命名の考え方や、授与の方法も宗派によってさまざまで、多くの宗派では戒名と呼ばれますが、浄土真宗では法名、日蓮宗は法号《ほうごう》など、宗派によって呼称も異なります。本書では分かりやすく、通称の「戒名」を使用します。

戒名は、故人となった際には、その人の生きざまや遺徳を偲ぶものとなります。生前に授かる人は少数であり、大多数の人は死後に授かるのが一般的なため、現在は故人を思い出すことが戒名の大きな役割になっています。

生前戒名ワークショップ

筆者は2019年9月に大阪市の應典院《おうてんいん》で、有志の僧侶と一緒に「100名で考える生前戒名ワークショップ」を開催しました。戒名の基礎知識に関するレクチャーに加え、僧侶と一般人が4名程度のグループに分かれて自分の戒名に入れたい1文字を考えるワークショップを行いました。

戒名という性質上、70代以上が参加者の大部分を占めていると見受けられました。参加者の年齢に鑑みると長時間のワークショップが成り立つか心配でしたが、約3時間半のワークショップは会話が途切《とぎ》れることなく、どのグループも終始盛り上がり続けました。戒名は自分の尊厳に関わるため、死をリアルに考えている高齢者ほど盛り上がることに気づかされました。

この時の経験を活かし、コロナ禍においてはオンラインで「戒名カフェ〜わたしの戒名を考える〜」というセッションを実施しました。約30名ほどの参加者が集まり、とても好評でした。参加者の声を一部ご紹介します。

・生前戒名が前提ということをはじめて知り（それまでは「お金を出して死後につけてもらう名前」のイメージ）、今までとこれから、自分と周囲の人をつなぐ素敵な歴史だと感じます。戒名をつけてくださる僧侶のみなさまの想いもうかがえて、普段からお寺とのお付き合いを重ねていきたいと思いました。（女性）

・人間は良い部分・悪い部分の双方を持ち合わせますが、良い部分に焦点を当てて戒名をいただくことで、自分がどうありたいかの指針になると理解しました。（男性）

・戒名はお坊さまに付けていただく……とは認識しておりましたが、「生前、本人が意思表示をし、なおかつ決定しておいてもよい」ということ。それが悪いことではない。ということがさまざまな宗派の御住職に聞けて、安心いたしました。（女性）

・戒名は気にかけたことがなかったですが、亡くなった家族や友人の戒名を見てどんな意味や思いで僧侶の方が付けてくれたのかを考えてみたいと思いました。（男性）

・戒名について考えることを通し、生と死など普段の生活ではあまり考えないような、世

間を超えたものに触れてほしいという僧侶の方々の思いを感じました。ありがとうございました。（女性）

・この世とあの世をつなぐものということを改めて感じました。残された者にとって、戒名の意味を考えることが「喪の仕事」だと感じます。（男性）

死後に戒名をもらうことが当たり前だと思っていた参加者にとって、そのイメージが大きく変わり、戒名の価値を認識いただいたようです。

人生100年時代の戒名

セッションの中で参加者にお伝えした戒名の価値は、次のようなものが挙げられます。

・（生前に授かれば）生きる指針
・生きざま・人柄を端的に表した「人生のコピーライティング」
・お経に由来する文字を組み込み、歴史の物語・文脈と接続してくれる

・親から授かった名前と、生きざま・人柄が統合された、自分の「本当の名前」
・数文字に人の記憶を凝縮し、後世に伝えやすくする

戒名の価値は実に多様であり、生前戒名は寿命が延びる人生100年時代にとても合っています。教育、仕事、引退という人生の3ステージにおいて、標準的なモデルは、教育が約20年、仕事が約45年、引退が約20年となりますが、これからは定年がさらに延びたとしても、平均寿命の延びが上回る可能性があり、その場合は引退期間が長くなります。となると、寿命が延びたものの生きがいを感じられない無為な日々に悩む人が増えるという、長寿社会の皮肉が起きるかもしれません。

長寿社会は、「ただ」長く生きること以上に、「どう」長く生きるかが主題の時代です。培《つちか》ってきた豊かな人生経験や価値観を活かし、自分自身がどのような後半生を生きていきたいのか、その意思と願いが込められた生前戒名を授かり、その戒名を指針に生きていくことは一考に値《あたい》するのではないでしょうか。感応寺の成田住職は次のように語ります。

「死後にいただく戒名は家族の印象が中心で、故人の内面と異なる可能性があります。生

前戒名に込める願いは、残りの人生でやりたいことももちろんですが、来世で生まれ変わってやりたいことも込めるとさらに良いかもしれません。現世を全《まっと》うした先にある来世の楽しみも持つことで、死んだら終わりではなく、ずっと続いていく命を意識することができるのではないでしょうか」

長谷寺の岡澤住職は、生前戒名は本人だけでなく、家族への死生観の教育においても有効だと指摘します。

「生前戒名をお授けする際には戒名授与式を執り行います。おごそかな雰囲気の中で、日々の暮らしで心がけていただきたい10の項目として、十善戒《じゅうぜんかい》をお伝えします。十善戒は、たとえばむやみに生き物を殺してはいけない不殺生《ふせっしょう》、嘘をつかない不妄語《ふもうご》などです。通常は家族も参列するので、儀式や住職の話に触れることで普段はまったく意識をしなかった仏教の価値観に触れるとともに、どのように生きるべきかも考えるでしょう」

葬儀は死を通じて参列者にどのように生きていくかを問いかける効果がありますが、生前戒名はストレートにその問いを投げかけるものです。日本が育んだ供養文化の一つと言える戒名は、変転流転が激しい現代にこそ真骨頂を発揮するのではないでしょうか。

死後戒名も良いもの

生前戒名の価値を強調してきましたが、一般的な死後戒名の価値が低いわけではありません。実際に死後戒名は遺族が喜ぶケースが多いと、妙慶院の加用住職は指摘します。

「故人にぴったりの戒名だと遺族が感じた場合、良い葬儀だったと満足感が高まります。お亡くなりになられた後、戒名を考えるにあたって遺族に故人の性格、趣味、仕事、思い出やエピソードなどをいろいろとうかがいます。悲しみで頭が混乱している時に話すことで、遺族も気持ちを整理することにつながります。『良い戒名をいただいた』と感じられることは、遺族にとって大切なグリーフケアです」

故人の人となりをよく知る場合、すぐに戒名が浮かびやすいと語るのは宝泉寺《ほうせんじ》（愛知県・浄土宗西山禅林寺派）の伊藤信道《いとうしんどう》住職です。

「スラスラと思い浮かんだ戒名は、遺族も納得することが多いです。たとえば、生前はお酒に呑まれてしまうお父さんがいらっしゃいました。きっとうれしくて仕方なかったのでしょう、子どもの結婚式の前日に飲み過ぎてしまい、披露宴には行けなかったこともあったようですが、逆に披露宴でまた酔い潰れてしまったら困るので、遺族は披露宴に来なくてよかったと思い出を振り返っていました。お父さんには極楽浄土で忍んだ生活を送ってほしいと願いを込めて、『忍』という字を戒名に含めました。遺族は『そうだそうだ』『お父さんにピッタリだ』と喜ばれていました」

供養は、生者（弔う側）と死者（弔われる側）が交流する交差点に成立するものなので、遺族が思いを込めて故人に贈る戒名は、当然素晴らしいものと言えます。

そして、故人が生前に授かっていた戒名が、遺族の思いや故人に対するイメージとかけ離れている場合、長年にわたって供養をし続けるという観点に立った時、遺族には好ましい戒名とは言えないでしょう。たとえば、意地悪な姑だったのに「優」という字や、短気で怒りっぽい父親なのに「寛」という字が入っていると、遺族がありがたいと素直に思えないケースがあります。住職から授かった戒名に文句をつけることもできないため、提案された戒名をそのまま受け取り、遺族には長年にわたってモヤモヤが残り続けます。

では、故人も遺族も納得できる戒名は、どのように考えればよいのでしょうか。長谷寺の岡澤住職は次のように提案します。

戒名の構成例

院号《いんごう》
天皇が譲位して移り住んだ御所を「○○院」と名付けたのが始まり。後に寺院に寄進した貴族や武将にも用いられるようになり、現代は庶民化（特にバブル以降）

道号《どうごう》
もともとは高僧に授けられた。現在は戒名と合わせた４字に名前から１字を取ることが一般的。浄土真宗に道号はなく、お釈迦さまの弟子を表す「釋」がつく

戒 名《かいみょう》
中国が起源の戒名は、日本でも仏教伝来時に取り入れられた。後に在家で仏門に帰依した者も戒名を授かるようになる。浄土真宗は「法名」、日蓮宗は「法号」と呼ぶ

位号《いごう》
年齢・性別、信仰心の篤さ、お寺や社会に対する貢献度などによって決まる（居士・大姉、信士・信女など）。浄土真宗の中には位号を用いない宗派もある

※上記以外に宗派によって独特な文字が入ることがある

「仏さまの弟子の証《あかし》である（狭義の）戒名は、故人が生前に自身の意思で授かったものなので、本人の考えを尊重すべきでしょう。一方で、道号《どうごう》や院号《いんごう》は遺族が贈るということが考えられます。戒名は人生の指針である側面と、死者が迷わないように故人の記憶を固定化させる働きもあります。残された家族が関与することで、死者の記憶としてふさわしい（広義の）戒名に変えていくことも大切でしょう」

　故人と遺族の両者が関わることで、納得の戒名にするプロセスを踏むことは理想的です。そのためには故人や遺族の思いに寄り添う、信頼できる住職との出会いが重要となり

ます。相性もありますので、生前のうちからいろいろなお寺や住職と出会いながら、信頼関係を育むことをおすすめします。

【戒名のポイント】

●戒名は本来生前に授かるもの。お寺によっては個人の希望をふまえることも可能

●人生100年時代は後半生が長くなり、「どう生きるか」が問われる。生前戒名を授かり、後半生を歩む指針とすることも一案

●生前戒名は、故人に対する遺族の思いやイメージとかけ離れる可能性がある。その場合、（狭義の）戒名は生前のものを尊重し、道号や院号に遺族の要望を入れることで、故人と遺族の双方に納得感のある（広義の）戒名になる

【法事】

回忌という絶妙な間隔

葬儀の後には四十九日忌、一周忌、三回忌、その後は4年おきと6年おきを繰り返し、七回忌、十三回忌、十七回忌と続いていきます。仏となった死者の徳が高まり、年月をかけて先祖になっていくという大きな流れがあります。

それぞれの回忌の意味は宗派ごとに異なったり、僧侶によってもさまざまな見解があります。本書では専門的な仏教の意味には立ち入らず、一般生活者の感覚で法事の意味を考えていきます。超覚寺の和田住職は次のように語ります。

「回忌が5年おきの定期的ではなく、4年と6年おきに来るタイミングが絶妙です。みんな回忌ごとに歳をとり、その歳なりの感性の話になります。お葬式から6年経った七回忌の今はどうですかと心境を聞くと、参列者みんなが変化を感じています。七回忌が別の人の二十五回忌に重なると、その偶然に遺族が勝手に意味を見出そうとします。

そして、十三回忌の際は干支《えと》が一周しましたねと言うと、みんなそれぞれに思うことがあるようです。干支が二巡する二十五回忌くらいになると家族の世代が交代していきます。季節が巡るように、回忌法要は家族の世代が巡ることを確認する場でもあります」

伝統的な意味は参考にしつつも、それがすべての人に当てはまるわけではなく、数年に一回訪れる回忌法要の機会に、その人なりに時間の経過を振り返りながら意味を見出《みいだ》すことが、回忌法要の価値と言えます。

特に第一章でも触れたように現代人はカイロス（主観的な時間感覚）が短くなっているため、儀礼を伴う場に身を一定時間置くことで参列者各自が生き方を見つめたり、普段は向き合うことのない死について考えるなど、さまざまな思いを巡らすことができる貴重な機会になると言えます。

納骨のタイミングもそれぞれ

一般的に納骨は四十九日忌や百日忌と言われますが、そのタイミングが誰にも当てはまるわけではありません。中高年の就労支援に取り組む社会起業家でもある乗円寺《じょうえんじ》（石川県・真宗大谷派）の福田《ふくだ》乗《じょう》住職は、忘れられない家族との思い出を語ります。

「高校生の息子さんが『行ってきます』と元気に家を出た後、事故で亡くなられました。

回忌法要(法事)

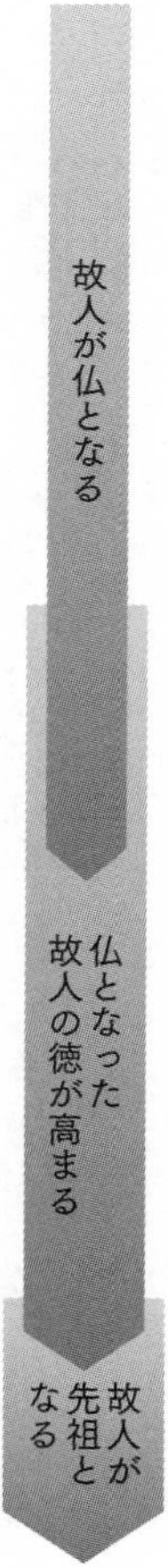
故人が仏となる
仏となった故人の徳が高まる
故人が先祖となる

回忌	別称	死後からの時期
初七日《しよなのか》	初願忌《しよがんき》	7日 (亡くなった日を1日目)
二七日《ふたなのか》	以芳忌《いほうき》	14日
三七日《みなのか》	洒水忌《しやすいき》	21日
四七日《よなのか》	阿経忌《あぎようき》	28日
五七日《いつなのか》	小練忌《しようれんき》	35日
六七日《むなのか》	檀弘忌《だんこうき》	42日
四十九日忌 (七七日)	満中陰《まんちゆういん》、大練忌《だいれんき》	49日
百日忌	卒哭忌《そつこくき》	100日
一周忌	小祥忌《しようしようき》	1年
三回忌	大祥忌《だいしようき》	2年
七回忌	休広忌《きゆうこうき》	6年
十三回忌	称名忌《しようみようき》	12年
十七回忌	慈明忌《じみようき》	16年
二十三回忌	思実忌《しじつき》	22年
二十五回忌	永光忌《えいこうき》	24年
二十七回忌	忍光忌《にんこうき》	26年
三十三回忌	清浄忌《しようじようき》、冷照忌《れいしようき》	32年
五十回忌	阿円忌《あえんき》	49年

※別称がない宗派もあり

お母さんはお骨をお墓に納められず、ずっとご自宅に置かれていました。仏壇の横にしつらえた、息子さんの好きだったものがたくさん並んだ五月人形のような祭壇にお骨を安置しました。その後は毎月の月参りを重ねて年月が経ちました。そして、十七回忌法要の際、お母さんが『お墓に納めます』とおっしゃったのです」

福田住職はとても驚き、「このまま大切にしてくれていてもいいんですよ」と投げかけたところ、お母さんは「17年かけて時間はかかったけど、お浄土であの子が見守ってくれていると実感できるようになりました」と答えられ、ご自宅近くのお墓に納めるとともに、仏壇横の祭壇も片付けられました。その後は会うたびにお母さんの笑顔が増えたことを実感されるそうです。

「四十九日で納骨する伝統は、新しい生活のスタートという意味があります。四十九日は悲しみが当然残りながらも、生活を前に進める時期という点で本当に良いタイミングであり、先人の知恵です。ただ、すべての人に当てはまるわけではありません。このご家族との思い出は人それぞれにタイミングがあることに気づかせていただきました」

四十九日忌や百日忌など、納骨のタイミングが社会的慣習としてある程度決まっていることはとても価値があります。もしそのような慣習がなかったら、私たちはどのタイミングで大切な人のお骨と離れることが適切なのか、大きな戸惑《とまど》いが生まれます。

しかし、社会的慣習はあくまでも慣習ですので、深い悲しみや整理できない故人への思いなどがある場合、納骨のタイミングも人それぞれであることが本来の姿と言えます。そのような場合に、回忌法要という定期的な節目が訪れることで故人への思いを整理するきっかけになります。

回忌法要の意味が分からないという方も多いでしょうが、まずは「回忌法要を重ねてみる」ことが正解であり、意味は後からついてくると考えるべきかもしれません。

思い立ったタイミングが法事の吉日

法事を大切にしたいと思いながらも、回忌法要のタイミングをつい逃すこともあるでしょう。そんな時はどうすればよいか、妙慶院の加用住職は次のように語ります。

「回忌法要のタイミングにこだわらなくてよいと思います。亡くなってまもない一周忌や三回忌は悲しみも残る喪《も》の営みですし、あまり忘れることもないと思います。しかし年月が経つ中で、生き方を見つめ直したり、死に向き合うなど、法事の意味も変わってくるでしょう。タイミングにこだわらずに、いつ法事をしてもよいと思います。思い立ったタイミングがご家族にとって法事の吉日と言えるでしょう」

思い立ったタイミングであれば毎年拝んでもよいと、長谷寺の岡澤住職も指摘します。

「回忌法要のない年であっても、毎年訪れる祥月命日《しょうつきめいにち》はご家族にとって節目となる日です。故人の記憶がよみがえるとともに、自分自身を振り返る場になるので、ご家族そろってお仏壇に手を合わせたり、依頼をいただければお寺でもご供養できます。三回忌と七回忌の間は年数が空きますが、四回忌や五回忌、六回忌だって法事をしてはいけない理由はありません。法要を毎年お勤めするのはとても尊いことだと思います」

毎年親戚を呼ぶのは大変ですが、故人への思いに応じて毎年の命日に合わせて個人的に法事を営むのは素晴らしいことですね。毎年法事を営む場合は祥月命日を基軸に、お彼岸やお盆を組み合わせることも有効だと語るのは西岸寺《さいがんじ》（福岡県・真宗大谷派）の中西無量《なかにしむりよう》住職です。

「お盆にお墓参りをする人ならお盆に合わせて法事を営んでもよいですし、命日を大切にする人はお盆やお彼岸法要を命日に合わせて行うこともできます。法事が命日よりも早いか遅いかは関係ないので、ライフスタイルに合った形で日取りを相談するのがよいでしょう。伝統的慣習をルーティンで強要されるよりも、自分のライフスタイルに合わせて法事を営んでいただくことが、長続きのコツだと思います」

伝統は意識しながらも、完全に伝統に従うのではなく、ライフスタイルに合わせて柔軟に法事を営んでいくことが、これからのスタイルの一つと言えます。

故人へのメッセージ

現代は日常の中で死に触れる機会が少なく、特に若年層はその機会が失われがちです。法事の機会は故人に対する自分の思いや考えを整理する良い機会になります。他者に向けて語る内容は、オートクラインという働き（話すことによって気づくこと）で自分自身に返ってきて気づきにつながります。この語りの効果を、正蓮寺の渡邉住職は実際の法事で活かしています。

「法事では参列者が故人について語る時間を大切にしています。『お父さんがどんな人だったかを聞かせてください。「私にとって」から話し始めてください』と伝え、参列者にマイクを渡していきます」

最初はためらいがちな参列者も徐々に慣れてくると、自らマイクを取る人も現れてくるそうで、結果的にお経よりも長い時間がかかることも珍しくないようです。

「一生かけて育んできた故人との思い出を語るほうが、参列者にとってお経よりも記憶に残ります。言葉を発して故人にメッセージを伝える機会は滅多にないですから、法事を通じて故人との思い出を温める機会になればよいと思います」

また、故人へのメッセージを声ではなく、手紙で届ける取り組みをするお寺もあります。夏にホタルが境内を舞う最明寺の加藤住職は、伐採された境内のケヤキを使い「ホタルのポスト」を作りました。檀家さんは故人への手紙を書き、ポストに投函します。

「もともとは和歌が好きだったおばあさんが亡くなられたことがきっかけです。葬儀では諷誦文《ふじゅもん》という文章を読み、亡くなられた方の人となりについてお話をしますが、その延長で、お孫さんをはじめご遺族も何か言葉を書いてお棺に入れたらどうかと提案しました。そうしたら、四十九日忌にご遺族が『文字にすることが大事だね』と、とても喜ばれました。スマホで文字の予測変換が出る時代に、亡くなった人を思いながら1文字ずつ考えて選び、自分で丁寧に書く機会は貴重です。ご遺族にとっておばあさんを深く考える機会になったと感じ、それがきっかけでホタルのポストにつながりました」

今は法事だけでなくお彼岸やお盆など、さまざまな機会に投函があるそうで、開始して5年で100通くらいたまっているとのこと。「仏さましか読まない。仏さまにしか届かない手紙」として、投函した手紙はけっして開封せず、護摩焚《ごまだ》きなどで燃やして供養される予定です。

故人への手紙を投函するホタルのポスト（最明寺）

「たくさんの気持ちが詰まっていると思うと、まだお焚《た》き上げできないんですよね」と加藤住職は自嘲気味に語ります。生前に伝えられなかったことも含めて、思いを吐き出して供養するポストは、これからも多くの人の思いを受け止めていくでしょう。

【法事のポイント】

●回忌法要の伝統的な意味は参考としながらも、参列者各自が自分に適した意味を見出していくことが法事の価値

●伝統的な回忌法要のタイミングは意識しつつも、ライフスタイルに合ったタイミングで法事を行ってよい

●故人への思いに応じて、回忌法要の年だけでなく、毎年法事を行ってもよい

第五章

理想のお墓、仏壇を実現するノウハウ

本章では、故人を供養する際のハード面がテーマです。故人のお骨の定位置であるお墓と、家における故人の定位置である仏壇のノウハウをご紹介します。

【お墓】

生前の契約で安心を得る

終活が一般的になる中、介護施設に入る前の元気なうちにお墓や納骨堂を購入する夫婦は少なくないようです。生きているうちに先の安心を得るとともに、子どもたちへの負担を抑えることにもなります。乗円寺の福田住職は、生前に納骨堂を申し込む人の多くが最後に行くところが明確になって「安心できた」と口にすると言います。

「70代、80代になると、最後に行く場所が決まると安心するのでしょう。5年以上前にお骨が6体入る大きめのスペースを契約された高齢のご夫婦が、東京にいる息子さん夫婦と小学生のお孫さんと、お盆の時期にお寺に来られました。納骨する場所をお孫さんに教えながら、死んだ後の葬儀をどうするかということを3世代一緒に話されたそうです。

あらかじめ納骨の場所を決めておくことで、余裕を持ってお子さんやお孫さんと死後の

乗円寺の納骨堂。本尊裏に納骨壇が設置されている

ことを話せるのは理想ですね。そのためにも納得して『選ぶ』ことが大切です。いろいろなお寺や霊園、お墓や納骨堂を見て、納得してから契約しましょう」

現在、お墓や納骨堂の選択肢は多様化しています。自分や家族にとってどのようなお墓や納骨堂が合うのかを見極めるには、情報収集や現地確認が不可欠です。

特に押し売りをせず、「うち以外にもいくつかのお寺や霊園を見るといいですよ」と住職がすすめるかどうかは、良いお寺を見極める一つのポイントです。さまざまなお墓を見て回った人が、結果的に巡りめぐってそのお寺の墓地や納骨堂を求めるというケースが多く見られます。

相談相手を持つ

「永代供養をしたいと連絡を受けて実際に話を聞いてみると、息子さんやお孫さんとも同居とのこと。そのような家族状況であれば、永代供養は向かないと提案することはよくあります。ワイドショーや週刊誌の情報を鵜呑《うの》みにしたり、友人が永代供養と言うのでお寺に来てみたら、自分が思っていることと最適解が違う方は少なくありません。たくさんの情報を適切に判断し、自分や家族にとっての最適解を出すのが難しい時代です」

こう語るのは最明寺の加藤住職。お墓は自分だけで考えると間違うことがあるので、適切な相談相手を持つことが大切だと強調します。

「お寺は葬儀社、石材店のからくりを知っています。お寺は葬儀でもお墓でも利益を取らないので、事前にお寺に聞くのが最適解への近道です。手厚く供養したいのか、ライトにしたいのか、お寺はそれに合った提案ができます」

生きている人の安心を第一に考えてほしいと指摘するのは、清元院の井上住職です。

「お墓について迷った時に、お寺や石材店に相談することがあるでしょう。提案される選択肢の中で、気持ちとしても費用面からも一番安心できるものを選ぶことが大切です。墓じまいが安心という人もいれば、最後の人が亡くなるまで維持したいと考える人もいます。相談者がどのような形であれば安心できるのか一緒に考えていきます」

相談相手をお寺にすることはメリットが大きいと、瑞相寺の三谷住職も指摘します。

「しっかり運営しているお寺であれば、地域の墓地事情をよく知っています。たとえば、瑞相寺と地域が近い某民間霊園は経営する法人の代表が外国人に変わり、今までの役員が解任され、経営の先行きが危ぶまれています。地域のネットワークを通じて、その内情がお寺には伝わります。民間霊園はお寺の名義貸しで、実態は企業が経営していることもあるので、経営状況には注意が必要です。地域のつながりがあまりなく口コミに触れにくい方は、地域の信頼できるお寺を頼るのがよいでしょう。ご家族の状況や要望によっては市営霊園をすすめることもあります」

宗教法人が名義貸しを行い、実質的な経営は企業が行っている民間霊園は数多くあります。企業は開発投資を回収して利益を上げた後は、霊園の経営から撤退し、残された霊園の管理を宗教法人が担うこともありますが、その際に霊園経営がすでに立ち行かなくなっているケースもあります。そのような経営の内情は一般人には見えづらいため、民間霊園を検討する場合には実質的な経営母体と経営状況をよく見極めましょう。

また、近年は天候に左右されないお参りやバリアフリーの観点から納骨堂が人気で、参拝ブースにお骨を機械が運ぶ自動搬送型の納骨堂も登場しています。

お骨という性質上、数十年にわたる経営の安定性が求められ、長期のメンテナンスも必要なため、機械システムは信頼できるメーカーなのかという点や年間の管理料について、運営の仕組みを確認することがとても重要です。そしてもちろん、運営母体の宗教法人や、企業が実質的な管理運営をしている場合には経営状況についても可能な範囲で把握することも大切です。

繰り返しになりますが、お墓はその性質上、長期的な目線が必要です。長期の時間軸に耐える適正な維持管理コストであることが重要であり、そのためには形や仕組みを含めてシンプルなお墓や納骨堂であることが原則です。

となると、結果的には石のお墓が良かったり、納骨堂も機械式ではなく据え置きの納骨壇のほうが良い可能性もあります。いずれにせよ、家族状況や好み・要望も含めてさまざまな要素を総合的に判断する必要があり、お墓選びに自信がない方は地域の信頼できるお寺を頼ることも考えてみましょう。

幸せな墓じまい

コロナ禍の前までお墓の改葬、いわゆる墓じまいは毎年増加していました。社会的にも根づいた墓じまいについて、住職はどのように考えているのでしょうか。妙慶院の加用住職は次のように語ります。

「墓じまいは急がないように伝えています。必ず撤去しないといけないお墓なのか、どういう思いで動かしたいのか、次の世代はどう思っているかなど、検討が必要なことはたくさんあります。ひいおじいさんが広島出身で、その後の世代が大阪や東京に転居する中でお墓も移動していった家があります。そうしたら結局、転居のたびに動かすのではなく、ルーツが良いということで広島にお墓が戻ってきました。逆墓じまいと言うべきでしょうか。漂うお墓にならないよう、墓じまいはじっくり検討しましょう」

清元院の井上住職も、ルーツに戻す墓じまいはけっして珍しくないと指摘します。

「清元院の地域をルーツとする、神戸《こうべ》に住む高齢の方から、神戸に墓地を求めたほうがいいのだろうかという相談がありました。神戸に先祖を含めて永代供養するか、ルーツの地域にある清元院で永代供養するか、もしくは息子さんの将来の判断に委ねるかなど、複数の選択肢を検討しました。この方は結局、清元院で永代供養することになりました。この方に限らず、ルーツである出身地にお墓を戻す方は珍しくありません」

筆者も職業柄、友人から墓じまいの相談を受けることがあります。その際、積極的な理由がない限り、ルーツが分かる場所に置いておくことをおすすめしています。たとえば、子ども世代が親と同じ地域に住むとは限りませんし、海外に住む可能性もあります。お墓は複数世代をまたぐ視点で検討する必要があるため、海外も含めて居住地域が流動する可能性がある場合は、日本のどこにお墓があるかは誤差になりえます。したがって、決定を積極的に保留して将来に先送りすることは、その時点での最適解になる可能性がありますす。お金をかければ墓じまいはできますが、ルーツが保全されることは特に子孫にとっては、プライスレスな価値です。

筆者の先祖のお墓は長野県の臼田《うすだ》という地域にあります。子どもが生まれてから先祖やルーツに対する興味が湧くようになり、父にお願いして長野県に一緒に行ってもらい、先祖のお墓の場所を教えてもらいました。お墓が近づくにつれて家の表札に「井出」という表記が急に増えることに驚きながら、案内役がいなければけっして分からないであろう山中に少し入ったところに多くの古い墓石が立ち、その中に先祖のお墓がありました。墓石が風化して文字は読みにくくなっていましたが、それまで曖昧な抽象観念だった先祖の存在が、墓石を通じて少し身近に感じられました。今はＧｏｏｇｌｅマップに先祖のお墓をピン止めし、忘れることがないようにしています。

ルーツというものを考える時に、血のつながりだけでなく、具体的な地理的空間も大切な要素だと思います。仮に物理的に身近な場所に先祖のお墓を移したとしたら、お墓参りはしやすくなりますが、ルーツという価値はかなり毀損《きそん》されます。私にとっては先祖のお墓が今の場所に存在し続けることがとても重要であり、意味があります。子どもたちにも「君たちのひいおじいさんは、この地域から戦後に東京に出てきたんだよ」とお墓参りを兼ねた旅行の道中に伝えることができますし、変化の激しい時代に生きる子どもたちにとっても、自分のルーツの証《あかし》が不動の状態で存在することは、自らの人生を考える際に一つのよすがになるのではないでしょうか。

ルーツの場所にお墓を保つという考えの一方で、東京という立地上、多数のお墓が地方から引っ越してくる本立寺の中島副住職は、やむをえない墓じまいもあると言います。

「本来、お墓はバタバタ移さないほうがいいと言われます。しかし、年齢・体力だけでなく公共の移動手段がなかったり、免許も返納したことでお墓にたどり着けず、遠距離にあるお墓へのお参りが困難である方もいます。ほったらかしが故人には最も失礼なので、お墓を持って来る場合は元のお寺との交渉や手続き、実際に墓石を持って来る際には費用もかかります。家族でしっかり相談して覚悟を持って取り組むことが重要でしょう」

そして、幸せな墓じまいのためには、物理的にお墓を移すこと以上に大切なことがあると、中島副住職は指摘します。

「墓じまいは『故人にしてあげたいという思い』が重要です。コロナ禍で移動が難しくなる現実も目《ま》の当たりにし、将来を考えて移す方もいらっしゃるでしょうが、実際にお墓を移してもお参りに行かないのでは、意味がありません。幸せな墓じまいをされた方を見ていると、自分がお参りしやすく便利になったことはもちろん喜ばれていますがそれ以上に、より頻繁に、より多くの子どもたちや子孫にお参りをしてほしいという願いを持っていると感じます。近くて便利という利己的な理由ではなく、先祖や故人に『して差し上げたい』という思いがあるのかどうか、墓じまいをする前にその点をご自身に問うていただくことが大切ではないでしょうか」

墓じまいを検討する方は、先祖代々のお墓のこれからを憂《うれ》い、無縁墓にしたくないなど、先祖を大切にする真摯な思いが根底にあります。一方で、先祖を大切に思う気持ちからの墓じまいの検討は尊いことですが、幸せな墓じまいと言えるのかを、自問する必要があるのでしょう。正蓮寺の渡邉住職は、墓じまいという言葉が醸《かも》し出すマイナスな意味合いに違和感があり、「家族のお墓を丁寧に仕上げる」という考え方が大切だと語ります。「『墓じまいは親不孝』というイメージを持つ方が中にはいます。ただ、実際に墓じまいを検討される方はお墓への思いをしっかり持たれており、むしろ親孝行です。したがって、『お墓仕上げ』という言葉に切り替えて、長年お世話になった家族のお墓を最終的にどう仕上げるかというポジティブな考え方が適切ではないでしょうか。仕上げなのでゆっくり時間をかけることが大切ですし、政府が推進する人生会議のコピーのように『決めなくてもいいから、いっぱい話をしましょう』という姿勢が重要です」

幸せなお墓仕上げとして結実するように、何のための墓じまいなのかを多面的な視点で明らかにし、将来への前向きな先送りも含めて納得の結論を導き出すことが大切です。そのためにも関係者でしっかり話すことの重要性を本休寺の岩田住職も強調します。

「自分一人で考えず、家族・知人や、子どもがいれば次世代の人と話し合うことが大切です。そうしないと揉めます。親が相談しに来る際、『子どもと話し合い、次は一緒に来てください』と伝えます。実際に子どもは『自分たちがいるのに勝手に決めないで』『自分たちに任せてほしい』と言うケースが、ほとんどです。人間は一人で生きているわけではなく、目に見えるものと見えないものの両方に支えられています。それを感じるためにもルーツが目に見える形で保全されることは大事ですし、仮に墓じまいをしてもルーツの地域や場所には、そこが家族のルーツと分かる証を残していただきたいです」

村墓地の行く末

都市部から離れると、お寺でも霊園でもない場所にお墓が建つ風景が見られます。田畑や里山などの豊かな自然を背景に建つお墓は、日本の原風景の一つです。

これらのお墓は個人や地域・自治会などが管理している墓地で、法律的には「みなし墓地」、一般的には村墓地や集落墓地と呼ばれます。地域・自治会が適切に機能していたり、個人管理の場合はその家族がしっかりしているうちは問題ありませんが、地域・自治会の高齢化や継承者の不在などで村墓地は荒廃が進みます。清元院の井上住職は、村墓地問題に積極的に対応しています。

「無縁になる可能性が高い村墓地は、こちらから積極的に永代供養を働きかけます。清元院の納骨堂と連携した永代供養墓を希望する方にはもちろんご提供しますし、都会にお墓を移したい方にも、どんどん協力します。改葬届の文書作成は代行し、町内会長の署名・捺印もサポートします。そこまでしないと本当に無縁墓が増えるので、地域における無縁墓ゼロを目指して動いています」

正蓮寺の渡邉住職も「村墓地危機管理表」を作り、無縁墓を少なくする取り組みを進めています。

「地域の半分の村墓地は管理者がいますが、いくつかは管理者が不在です。無縁となった墓石を積んで、遊歩道の土砂崩れを防ぐなどの細かな整備をしています。管理者不在の村墓地でお墓とお墓の間の大きな木が倒木した際は、チェーンソーを持って切りに行ったこともありました。

関係者が生きているうちに、お寺として村墓地を集約できるお墓を提供していく必要性を感じています。20年くらいかけて継承者がいない村墓地を集め、名前が彫ってある墓石はお寺で預かり、無縁塔を積んで供養していく構想を温めています」

どの地域にも、村墓地に問題意識を持って取り組む住職がいます。そのような住職を頼り、境内にある永代供養墓を提供してもらうことや、手続きに必要な地域の関係者を紹介してもらい、居住地に近い墓地への改葬を支援してもらうことも一案です。

永代供養墓というソリューション

庶民がお墓を持ち始めたのは家制度（寺請制度）が始まった江戸時代からと言われます

が、当時は立派な墓石を建てられる豊かな一族は限られました。

現在のように、家族ごとに個別の石型のお墓を持つようになったのは、戦後の高度成長期以降になります。生きているうちのマイホームに加え、死後のマイホームとしてのお墓を持つことができるくらい豊かな中産階級が増えたことが要因です。家族のお墓という贅沢品を持つ夢を多くの人が実現したことで、「お墓＝石型の家族墓」のイメージが定着しました。しかし、お墓が一つの形に収斂したのは昭和30年代以降から現在に至る約70年の間であり、歴史的に見れば一時的な現象と言えます。

しかし、時代は移り変わって、経済の二極化や貧困問題が生起し、単身化や継承者不在などで家族の形も変化する中、家族墓に代わって台頭しているのが永代供養墓です。

永代供養墓とは、お寺に供養や維持管理の一切を任せることができるお墓です。埋葬と同時に合祀する形式や、一定期間お骨を個別管理した後に合祀される形式など、さまざまな形式の永代供養墓が登場しています。贅沢ではなく簡素・シンプル、そして所有ではなくシェアなど、時代の価値観の変化とも永代供養墓の特長は合っています。これからはお墓が家族墓に収斂することはなく、永代供養墓が存在感を増すことは間違いありません。

永代供養墓の種類・機能・金額などの情報は、インターネットを検索すればたくさん出てきます。筆者が運営するお寺探しのポータルサイト「まいてら」(mytera.jp)では、永代供養墓デザイナーの森口純一《もりぐちじゅんいち》さんによる「現代お墓事情」を連載しています。そこでは、樹木葬も含めた永代供養墓のポイントや注意点が詳しく解説されていますので、ぜひご覧ください。

永代供養墓に先祖のお骨を移す際、多数のお骨がある場合は、費用がかさむ懸念があります。無縁墓にしたくはないものの、お骨1体ずつに埋葬費用が必要となれば永代供養墓に移すことは難しくなります。

「檀家さんには長年お世話になり、お付き合いしてきたわけですから、墓じまいをして永代供養墓に合祀する場合には、お骨が何体でも金額は変わらないようにしています」

こう語るのは龍泰寺の宮本住職です。龍泰寺では墓じまいをする場合、お骨が何体あっても永代供養墓に合祀する埋葬料は一律15万円となっています。また、十三回忌までは合祀せずに納骨壇でお骨を個別に管理することもでき、10年単位で延長も可能です。お参りする場合は永代供養墓だけでなく、先祖代々の過去帳を納めた位牌が安置されている位牌

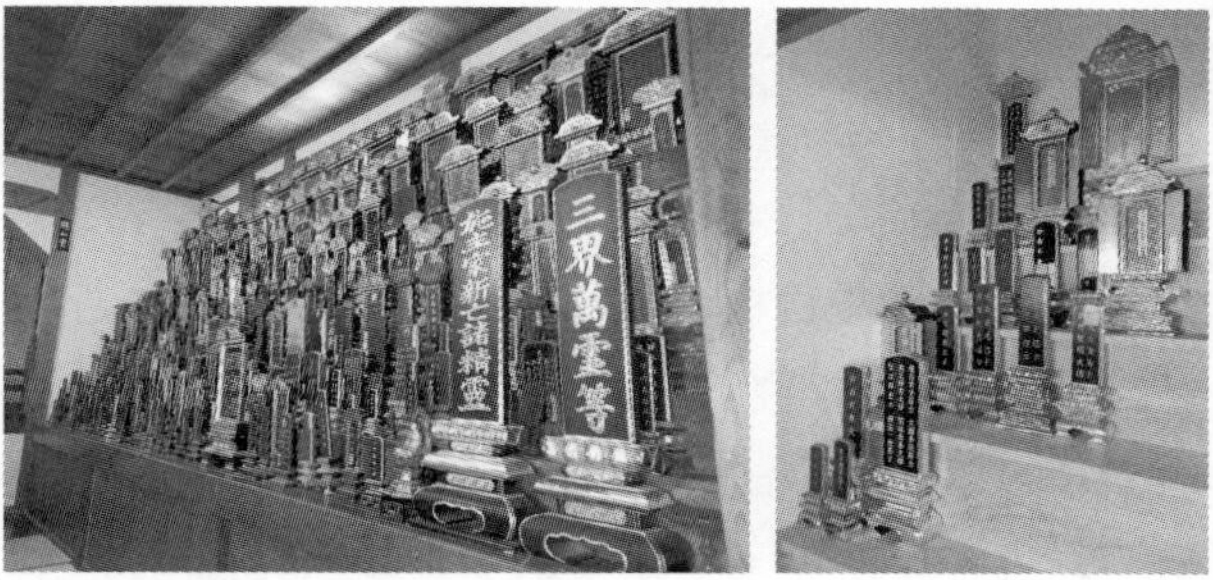

龍泰寺の位牌堂

堂でもお参りできます。

位牌は形式を統一せずに、「先祖やご家族が思い浮かぶものを準備してください」と伝え、家族それぞれに好きなものを選んでもらっている点が好評とのこと。位牌の大きさはさまざまで、中には個性的な位牌も並び、位牌堂に明るさを添えています。龍泰寺のように、先祖のお骨を合祀する際に1体ずつの埋葬料ではなく、すべてのお骨をまとめた良心的な金額で対応しているお寺は少なくありませんので、合祀を検討する際はぜひチェックしましょう。

継承者がいても、さまざまな事情で先祖を永代供養墓に移す方もいます。その場合は継承者がその後長きにわたってお参りする際に、先祖がここに眠っていると感じられる個別性を確保することが、大切なポイントです。本休寺の岩田住職は次のように指摘します。

「先祖のお墓はパワースポットです。つらさを感じた時に先祖のお墓の前で手を合わせる人がいます。お参りする際に先祖を感じられる永代供養墓を選んでほしいです」

たとえば、故人の名前や戒名を刻《きざ》んだプレートがお墓の壁面などに設置されている永代供養墓があります。そのようなお墓では、お参りした方が「じいさん元気か」などと語りかけながらプレートをなでている光景がよく見られます。その方はプレートを触ることで故人を感じていることになります。

一方でプレートがない場合は、「このお墓にあなたの先祖が眠っているんだよ」と言われても、感覚的にはピンとこないでしょう。名前のない永代供養墓に自分のルーツを感じるには、抽象化されたものを知覚する能力が必要になります。個別の家族墓であれば、名前が刻まれた墓誌も含めて先祖とのつながりが可視化され、身体感覚でも感じやすいでしょう。自分の命を相対化し、より大きなスケールで自らの命を認識する道具・装置がお墓の役割です。どのような形式の永代供養墓を選ぶにせよ、先祖を個別に感じる工夫があるか、プレートが風雨による風化や接触による摩耗《まもう》がないかなど、長期にわたって視認性が保たれるかを確認しましょう。

本休寺の永代供養墓。前面に名前・戒名が刻まれたプレートを設置

多様な形式の永代供養墓が人気を博している専求院の村井さんは、障害者の永代供養の支援に尽力しています。

「障害を持たれているお子さんのために、生前に永代供養を依頼される方がいます。年齢に限らずご夫婦で来られる場合が多いです。自分たちが亡くなった後のお子さんが心配で、お子さんに何かあった際はお経をあげてお墓に入れてほしいと、お願いされます。

その場合は、お子さんが入居していたり、関係する施設の人に永代供養の契約書をコピーして渡しておきます。お墓だけではなく、お布施をお預かりしてお葬式をあらかじめお願いされることもあります。施設の方がご遺骨を持ってきた場合、お骨をお預かりし、お寺が喪主となって生前に決められたことに従って葬儀を行います」

永代供養墓を生前に契約することで、家族のさまざまな事情に対応するサポートを得られ、死後の安心にもつながります。永代供養墓は現代の社会課題に対応するソリューションです。近年は弁護士・司法書士・行政書士などの「士業」と連携して、死後の諸手続や葬儀・埋葬に関する死後事務委任契約に取り組むお寺も増えていますので、終活サポートに取り組むお寺を探してみることもおすすめです。

永代供養墓は人なり

筆者は全国のさまざまなお寺のお墓を見てきました。その経験から、永代供養墓を選ぶポイントをお伝えします。

永代供養墓と聞くと、継承者がいない淋しいお墓とイメージする方は少なくないでしょう。しかし、近年は継承者がいたとしても永代供養墓を積極的に選ぶ方もいますし、永代供養墓はけっして淋しいお墓ではありません。実際にお参りやお花が絶えることなく、日々栄えている永代供養墓があります。

栄える永代供養墓の最大のポイントは、住職をはじめとしたお寺の人の魅力です。家族墓はお参りする側が「家族という物語」を帯びているので、お寺側がそれほど努力する必要はありません。家族が続く限りお参りが絶えず、お墓も継承されるからです。しかし、永代供養墓は家族という物語が希薄化するため、お参りの動機をお寺から積極的に提供する必要があり、その核心にはお寺の人の魅力があります。お寺の人に関するチェックは次の視点を参考にしてください。

・住職自らが永代供養墓の魅力を語っている
・永代供養墓や仏教・お寺に関する質問に対して真摯に答えてくれる
・上から目線ではなく、対等な目線で丁寧な接遇をしている
・永代供養墓の規約について、一つひとつ分かりやすく説明してくれる
・住職も亡くなったら、そのお骨が永代供養墓に納められる
・スタッフにも住職の理念・姿勢が浸透しており、快《こころよ》く対応してくれる

供養は人が関わる営みなので、永代にわたって供養をお願いするには、人への信頼が不可欠です。「永代供養墓は人なり」と言ってもよいでしょう。

筆者は、役目を終えた墓石が境内に整然と積み上げられた無縁塔を見るのが好きです。なぜかと言うと、お墓に対するお寺の姿勢が無縁塔に表れるからです。整然とした美しい無縁塔を見るたび、このお寺であれば永代供養を任せても大丈夫だろうと感じます。

無縁塔を建てるには、相応の手間と費用がかかります。誰かからお願いされたり、資金提供があるわけでもないのに、ご縁のあった無数の方々への感謝を込めて、お寺が自発的に無縁塔として供養する光景は心を打ちます。中には本堂近くの境内の一等地に建てられた無縁塔もあります。永代供養墓を探してお寺を訪れた時に無縁塔があった際は、いつ頃に建てられたのか、現在はどう供養しているかをたずねるとよいでしょう。

逆に無縁塔ではなく、役割を終えた墓石が雑然と置かれたお寺の永代供養墓は避けたほうが無難です。無縁塔という形には住職をはじめとしたお寺の心が表れています。

豆知識をもう一つ。永代供養墓における合祀は、不特定多数の他者のお骨と混ざること

無縁塔の例（本立寺）

が一般的です。しかし、合祀と謳《うた》いつつもお骨が混ざらないよう、個別の袋にお骨を入れて名前も識別できるように埋葬しているお寺もあります。遺族の気持ちや状況が変わって「お骨を取り出したい」という要望が時々あるため、万が一の時に取り出せる状況にしているのです。

お骨を個別に袋に入れることは契約者に伝えますが、事情によっては取り出せることを契約者に伝えているお寺は少なく、あえて秘密にしているお寺もあります。秘密にするのは取り出しにかなりの手間がかかるため評判が広まると困るという理由もありますが、納骨・埋葬は心の区切りとして遺骨への執着を復活させない住職の優しさでもあります。

永代供養墓を契約する際には、遺骨の保管方法を規約で確認することはもちろんですが、万が一の対応も確認してみるとよいでしょう。

一時預かり

親が先祖代々のお墓の継承者ではないため、親が入るお墓が決まっていないことや、子どもがどの地域に住み続けるか分からないため、葬儀後に親のお墓を決めにくいケースがあります。このような場合、お寺にお骨を一時的に預かってもらうことができます。

実際、筆者も息子のお骨をお寺に預かってもらっています。というのも、私の両親が最終的に入るお墓が決まっておらず、また私は次男なので、私自身が入るお墓が決まっていないからです。

お寺やお墓について力を込めて執筆しているわりには、自分のお墓をどうしたいかというビジョンはまったくありません。そういう状況ですから、息子が亡くなった後、お墓をどうするかというテーマが重くのしかかりました。我が子の可愛さはあるものの、ずっと自宅に遺骨を置いておくと心の区切りをつけられないという気持ちもあり、だからといって自宅以外に遺骨を安置できる場所もありません。

とても困り、葬儀を勤めていただいた住職に窮状を伝えたところ、お寺で遺骨を一時預かりできるという提案をいただきました。まさに「渡りに船」でとてもありがたく感じ、四十九日忌法要を節目としてお寺に預かっていただくことになりました。

その後はお寺にお参りするたびに、預かっていただいている息子の遺骨に家族で手を合わせることが続いています。すでに約10年となり、一時預かりとも言えないズルズルとした状況が続いていますが、我が家のお墓のビジョンが見えない中でとても助かっています。また、遺骨預かりに関わる保管料は特段の決まりがなかったため、住職と相談して護《ご》持《じ》会費（お寺の年会費）を少し厚めに納めることで代替しています。

一時預かりはとても便利で、諸事情でお墓を決められない人には合っている方法です。立地や経済事情から境内墓地は難しく、行政が運営する霊園の抽選に当たるまでの期間に預かってもらうケースもあります。一方、お寺として一時預かりに積極的に取り組むことはしません。預かってから時間が経つうちに遺族と連絡が取れなくなることがあるためです。したがって表向きには一時預かりを謳うお寺は少なく、あくまでもお寺とご縁があった方との信頼関係に基づく保管方法とするお寺がほとんどです。

一時預かりの方法や保管料も、お寺によってさまざまです。納骨堂や永代供養墓の個別預かり壇を活用して一時預かりするお寺もあれば、専用の部屋やスペースを設けるお寺もあります。

また、保管料も年間1万円から数万円程度のお寺もあれば、関係性がある場合には保管料を必要としないお寺もあります。お骨を一時預かりしてもらう可能性がある場合には、前もって信頼できるお寺と関係を構築することをおすすめします。

【お墓のポイント】

●お墓を生前に決めておくと安心につながる。さまざまな墓地・霊園を見学するとともに、地域事情や業者の論理をよく知るお寺を相談相手に持つと有効

●自らの境内墓地だけでなく、さまざまなお寺・霊園のお墓を見ることをフラット

に奨励するのが良いお寺の見極め方

●墓じまいを検討する場合、限られた人だけで決めず、できる限り多くの家族で話すことが大切。その際は何のための墓じまいなのか、目的を明確にする

●真にやむをえない理由がない場合、墓じまいの決定は積極的に保留し、できる限り将来に先延ばしする

●ルーツは血のつながりに加え、先祖が暮らしていた地域とのつながりも大切。墓じまいをする場合は、後世の子孫のために土地のルーツが分かる工夫を講じる

●永代供養墓を求める人が増える時代。栄える永代供養墓のポイントは住職をはじめとしたお寺の人の魅力。いろいろなお寺の人と会い、相性を見極めることが重要

●さまざまな事情でお墓をすぐに決められない場合、お寺での一時預かりという選択肢もある。その場合は、お寺との関係性が前提となる

【仏壇】

故人の定位置を作る

昔の日本の家屋は仏間を中心に空間が設計されていたと聞きますが、現代の住宅事情はマンションなどの集合住宅や単身化で様変わりし、仏間が設けられる家は珍しくなっています。日本の住宅からは死者の存在感が薄らぎ、亡くなった人とともに暮らしているという感覚はどんどん希薄化しているのが実態です。

家族事情や居住空間が許せば伝統的な仏壇を持ち続けることも可能ですが、それが難しい場合は、仏壇をどのように考えればよいでしょうか。多くの住職が口を揃えるのは「大きな仏壇である必要はないが、日常的に手を合わせる仏壇的なスペースは設けてほしい」というものです。本立寺の中島副住職は次のように語ります。

「大型仏壇を設けることは新しい家では難しいでしょう。ただ、生活空間に故人の場所を作ることは大切です。生きている間は食卓でも職場でも座る位置が決まっている人が多いと思いますが、場所が決まっている安定は安心につながります。現代は住む場所が流動し、職場でもフリーアドレス化が進んでいますが、お墓を頻繁に移すのを避けることと同じように、生活空間に故人の定位置を設けてあげていただきたいです」

生活空間に故人の場所を設ける際は、故人から見える風景を大切にしてほしいと語るのは四天王寺の倉島住職です。

「仏さまになった故人から見える風景を大事にしていただきたいです。家族の幸せな様子や、庭がある家であれば草花など、故人が気にかけていることを想像し、故人にこの景色を見てほしいと考えることが大切ではないでしょうか。そして、仏さまから見える視点に立って、日々の生活空間を清らかに浄化していただきたいです。

お寺の会館のトイレ掃除を長らく続けていただいたおばあさんが、一生懸命にためたお金で仏壇を買われました。2階に仏壇を置いたところ、少しずつ足が悪くなり上がれなくなったので、1階のリビングに場所を移していただきました。みんなで食事し、みんなでくつろぐ空間ですぐにお参りできます。家族が利己的にならないよう、みんなを見守る利他的存在としてのご先祖がいることは、生活空間に潤《うるお》いをもたらすのではないでしょうか」

昭和以前が題材のテレビドラマでは、お茶の間やその近くに仏壇が置かれているシーンがよく登場します。テレビドラマのような大きな仏壇ではなくても、現代でも工夫をして故人のスペースを設けることは十分に可能です。モダンな家具調の仏壇もさまざまな種類が登場していますし、棚の上や本棚の一部を故人のスペースとすることもできます。

多様化する宗教的情念

「『仏壇はこうあらねばならない』という型が厳しくなったのは戦後です。宗派が型を決めて強く推奨するようになりましたが、戦前はもっとゆるかったのが実態です。家族のお墓と同じように、みんなが豊かになったから大きな仏壇を持てるようになったとはいえ、むしろ今は元の時代の自由度に回帰し始めたと考えるのが、妥当ではないでしょうか」

こう語るのは西岸寺の中西住職です。地域柄、伝統をおろそかにしてはいけないという意識を持つ人も多いため、それぞれの家族事情に合った仏壇のあり方を提案しています。都市部でマンション住まいをしている方のためには、中西住職が絞り込んだ最低限の仏具（簡易的な三つ折りの本尊、故人の法名が書かれた小さな掛け軸もしくは過去帳）を提案しています。故人を身近に感じられる場所として選んだリビングの棚の上に、最低限の仏具を置いたり、中には現代調の小さな仏壇を購入する人もいるそうです。故人のお骨を手元供養にしたものや、故人にまつわるものを並べるなど、それぞれのご家族の思いも大切にしています。

「仏壇は、家族が故人を失ったグリーフ（悲しみ）を受け止めて生きる力に変換していくよりどころです。そして、仏壇が置かれる空間は家族の死生観が育まれる場所です。その本質が見失われなければ、仏壇が簡素であることはまったく問題にならないですし、形も自由です」

価値観が多様化する時代においては、個々人の宗教的情念も多様化します。杓子定規《しやくしじようぎ》に伝統を押しつけず、個々人の価値観に真摯に寄り添うお寺に相談できれば、伝統と現代の生活事情が適切にバランスしたあり方を提案してくれるはずです。長谷寺の岡澤住職は、今後は仏壇と神棚の関係も近づく可能性があるとも指摘します。

扉を閉めると家具調だが、開けると伝統的仏壇。中西住職は要望や仏壇の大きさに応じて仏具を提案している

「死というものを穢《けが》れと思い、仏壇と神棚を

分ける考えがありますが、現代の生活事情を考えた時に仏壇と神棚が融合していく未来もあるのではないでしょうか。親戚の中に仏壇と神棚を分けるべきという強い考えを持つ人や、霊感が強い人もたまにいるかもしれませんが、神社のお札《ふだ》を仏壇に祀ることを『長谷寺の和尚《おしょう》さんがいいと言っていたよ』と伝えてもらうようにしています」

古くは神仏習合だった日本では、八百万《やおよろず》の神々と仏教の諸仏は仲良く共存してきました。明治政府の神仏分離令で神と仏は人為的に切り離され、それから150年以上経ちましたが、人々の意識では神仏という存在が密接に息づいてきたのが実態です。多くの人は神社とお寺の違いを理解せず、それぞれに素直な気持ちでお参りしていますし、「神さまと仏さまが仲良く共存している日本が好き」という方が多数ではないでしょうか。

そして、仏教界も神社界も伝統教団の勢力が弱まり、教義を人々に浸透させる力が弱体化していく中で、150年間消えることはなかった神と仏が共存する素朴な宗教的情念が台頭し、生活空間から新たな共存の形が始まるかもしれない未来に興味が湧きます。

本尊という存在

仏壇の奥に本尊が祀られることが伝統的な型ですが、本尊よりも故人の位牌を意識して手を合わせる人は少なくないでしょう。住職によっては、本尊と先祖のどちらを祀りたいのか明確にすることも大切だと指摘します。当然お寺としては本尊を祀ってほしいものの、先祖や故人に手を合わせたいという気持ちをまずは尊重し、要望が強い方の場合は先祖のみを祀ることからのスタートもあるようです。

仏壇というよりは人壇もしくは位牌壇とも言えますが、日本仏教は故人を仏に重ねる世界観を持つため、時間を重ねる中で、いつかは本尊をお迎えしたい気持ちも芽生えるかもしれません。

かく言う筆者は、自宅の仏壇にはまだ本尊をお迎えしていません。夕焼け時に息子を感じるので西方極楽浄土の阿弥陀仏でもよいように思いますが、一仏に絞り込まれた価値観を持つわけではなく、お釈迦さまや大日如来にも惹かれます。妻はプロテスタント系の学校で小さい頃から育ち、神は心の中にいるという価値観が強く、そもそも物理的なものはいらないというミニマリスト的な考えを持ちます。ただ、息子を感じる特別な空間はあったほうがよいと夫婦で話し、息子の写真と位牌を食卓横の棚に置いています。万が一の時に持ち運べるポータブル感があります。

ミニマリスト的な仏壇で、現状は特段の不都合を感じません。家族みんなが外出時や就寝前に手を合わせますし、息子や家族の記念日には綺麗な花を飾ったり、贈り物をいただいた時には感謝の念を込めてお供えをします。そして、自宅を訪れる友人の中には手を合わせてくれる人がいるので、その姿にありがたさを感じます。

ただ、多少なりとも本尊的なものがあるとすれば、お札を祀っていることでしょうか。お札は宮城県仙台市《せんだいし》にある定義如来西方寺《じょうぎにょらいさいほうじ》のもので、本尊の由来に感動したことがきっかけです。本尊・定義阿弥陀如来は、約1300年前に中国の五台山《ごだいさん》で文殊菩薩《もんじゅぼさつ》から授かったと伝わる宝軸（掛け軸）です。平清盛《たいらのきよもり》の長男・重盛《しげもり》は戦乱の世を憂い、平和を願って五台山に黄金を寄付し、御礼にこの宝軸が贈られました。重盛は亡くなる際に宝軸を家《け》人《にん》の平貞能《さだよし》に授け、阿弥陀如来を後世に伝えて供養し、人々が後生永遠に救われることを祈るよう言い伝えました。

壇《だん》ノ浦《うら》で平家が滅亡した後、貞能は源氏の追手を逃れ、名前も定義《じょうぎ》に変え、最後に山深い現在の仙台市青葉区《あおば》大倉《おおくら》の地に隠れ住みました。貞能が持っていた宝軸は、400年の時が流れた江戸時代にようやく世間とつながり始め、「すごい如来さまがいらっしゃるらしい」と評判が広まり、東北一円からのお参りが絶えないお寺になりました。

この由来を聞いた時、極限の生き辛さを抱えた人々にとって信仰という救いの威力を感じさせられました。普段は秘仏の定義阿弥陀如来ですが、一度だけ尊前で手を合わせる機会をいただいた時、今までの人生で感じたことのない神々《こうごう》しいオーラを感じました。

宗教的な救いはよく光に譬《たと》えられますが、目の前の定義阿弥陀如来は圧倒的な光でした。えも言われぬ磁力を感じ、それ以来息子の位牌のそばに定義阿弥陀如来のお札を祀っています。頻繁にお参りできないので、お参りする機会に新しいお札と交換するようにしています。

お寺の本尊を発信機に譬えると、お札や御守りは受信機のようなものと言えます。遠く離れた神仏のエネルギーを、日常的には自宅のお札、外出時は御守りを通じて享受し、受信機の働きが悪くなってきたら、寺社にお参りしてエネルギーチャージをすると言えば、分かりやすいでしょうか。たとえば、日本人の代表的宗教行事の初詣《はつもうで》は、1年の始まりにみんなで神仏を訪ねてエネルギーチャージしていると言えます。

話を戻します。定義阿弥陀如来のお札が本尊と言えるのか、私には分かりません。ただ、私はどの神仏に対しても敬う気持ちがあり、人生において一つの仏だけをずっと信じることはどうも馴染みません。私は小さい頃から、この世のあらゆる場所に神仏が遍満《へんまん》しているような感覚を持っていました。信仰心が篤《あつ》い家に育ったわけでも、誰かから教えてもらったような記憶もなく、物心がついた時には自然とそのような感覚がありました。その感覚に従えば、大日如来的な価値観が近いと言うべきかもしれませんし、今はシンプルな生き方への憧れから禅宗的な価値観にも惹かれます。

そして、自分がいつか亡くなる時には、スイートな優しい雰囲気の阿弥陀仏にお任せしたい気持ちもあります。利己的で浮気性、中途半端で未熟という批判もあると思いますが、そもそも一仏のみの信仰だけが宗教と思い込むことは人生を不自由にするのではないのでしょうか。私のようなごった煮な宗教観を持つ人はけっして少なくないと思いますし、人生のステージに応じて価値観が変化していくことは自然です。

教団という制度化・組織化された宗教が力を失う中で、これからの時代は、多様な要素が複合した個々人の宗教観が尊重されていく流れになると考えられます。プライベートな生活空間にある仏壇などの礼拝スペースに、多様化する宗教的情念が表象していくのかもしれません。

仏壇は心の鏡

住職は数多くの家に出入りする機会があるため、「玄関と仏壇のキレイさは相関している」と感じることが多いようです。龍泰寺の宮本住職は、次のように指摘します。

「檀家さんのご自宅にお参りをする際、散乱している靴や玄関周辺にいろいろな物が雑然と置いてあるのを見ることがあります。実際にそのお宅の仏壇の前に行くと、仏壇もキレイに整っていないことはよくあります。履物《はきもの》をそろえないのは心が乱れているのと同じように、仏壇が乱れていたら自分の心が乱れていると思いましょう。仏壇は心の鏡です」

仏壇を整えることを毎日の習慣にすることは理想です。一方で、忙しい普段の生活において毎日はなかなかできないもの。そのような方のために、定期的なイベントを設けることで、仏壇を整える機会にするのはどうかと提案するのは、宝泉寺の伊藤住職です。

「月参りという習慣のある檀家さんがいます。そうなると、月に1回は和尚さんが自宅に来るのできれいにします。お花を替えてホコリを取ったり、仏壇のメンテナンスをする機会になるでしょう。月参りの習慣がないお宅の場合は、定期的にお客さんを招くのはいかがでしょうか。家族以外のどなたかを自宅に招き入れることで、家の中をキレイにする機会になりますし、その過程で仏壇も整えることになるでしょう」

伊藤住職は、多くのお宅の仏壇を見る中で香炉《こうろ》に注目するとのこと。香炉の中の灰がキレイに整っている家は、玄関も洗面所もキレイだと指摘します。線香の燃え残りや、燃えかすを取り除いて灰を漉《こ》すのは、ひと手間が必要です。生活のさまざまな場面や家事は手間にあふれますが、ひと手間の積み重ねを習慣化できれば、仏壇だけでなく生活空間そのものをキレイに整えることが可能になります。

そして、宮本住職も伊藤住職も「仏壇を大切にしている人は、ニコニコした表情で幸せに見える人が多い」と言います。特にご夫婦の場合、おしどり夫婦でなかったとしても、毎日いることが当たり前だった人が亡くなることで、心にポッカリと穴が開く人がいるそうです。故人とのつながりである仏壇を大切にすることで、生きていた時よりも心の中に故人が深く刻まれ、「いつも一緒に生きている」「私は一人ぼっちではない」という感覚が強まるのではと指摘します。

手間の積み重ねである供養は幸せとも関係すると第一章で指摘しましたが、自分のライフスタイルに合う仏壇と出会い、手間をかけて仏壇を大切にし続けることは幸せの一つの道程なのかもしれません。

【仏壇のポイント】

●生活空間に故人の定位置（＝手合わせのスペース）を設ける。その際は故人からの眺めを大切にする

●仏壇の大きさや形式にとらわれる必要はない。伝統を大切にしたい場合、ライフスタイルに鑑みた制約条件をふまえてお寺の助言をもらう

●仏壇は心の鏡。定期的なイベントで仏壇をキレイに整えることを習慣化する

第六章

理想のお寺づきあいを実現するノウハウ

本章では、自分に合った供養を実現するためのコンシェルジュとなりえる、お寺との付き合い方についてノウハウをご紹介します。

【お布施】

お寺の収支モデルから見たお布施

供養の意味や素晴らしさは分かったとしても、最後はお布施が気になる方は多いでしょう。筆者もお寺に関わって以来、お布施に対する文句や醜聞は数多く聞いてきました。世間と乖離《かいり》したお布施の感覚を持つお寺が一部に存在することが軋轢《あつれき》の大きな原因ですが、お布施は「高い」「安い」という単純な経済的尺度で判断するものでもないと考えます。

まず前提として、お寺がどのような収支状況によって成り立っているのかを紐解《ひもと》きます。左の図は、檀家数200軒程度のお寺の収支モデルです。檀家数200軒程度は、お寺を専業で運営できる分岐点と言われます。現在は全国で7万寺を超える寺院のうち、3割程度が専業で運営されていると推測されます。

一方で、200軒を超える檀家数でも住職が他の仕事と兼業でお寺を運営していること

お寺の収支モデル（檀家数200軒程度）

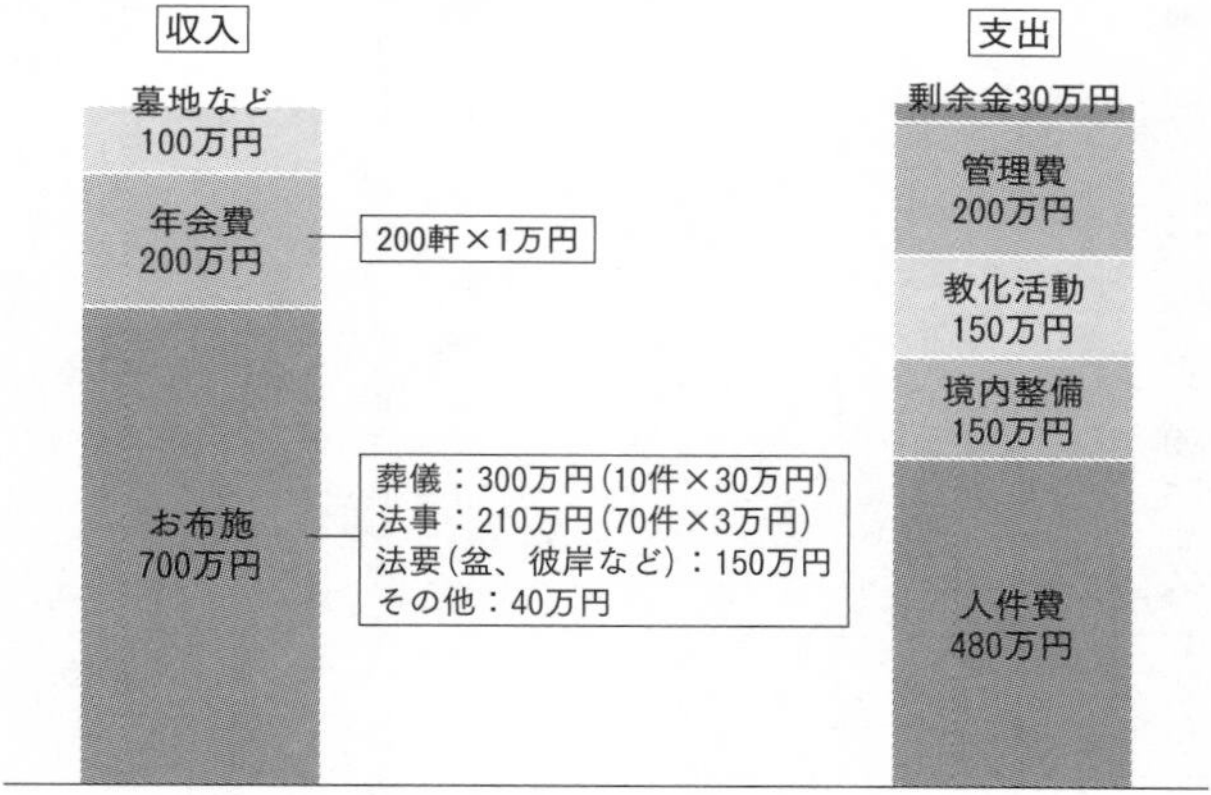

出所：一般社団法人 お寺の未来の内部資料より

もありますし、祈禱《きとう》を熱心に行う寺院であれば檀家数が２００軒より少なくても専業で運営するケースはあります。

また、都市部ほどお布施の単価も上がっていく傾向はありますが、必ずしも人口に比例するわけではありません。

地域の歴史性（格式が高い城下町はお布施が高い場合があるなど）、寺院の格式、地域人口と比べた寺院数（寺院数が過剰であれば競争によってお布施の水準が抑えられる）など、複数の要因が絡み合って、いわゆるお布施の「相場」が形成されています。また、お布施の相場を地域の仏教界で決めていたり、お寺によっては檀家さんのコミュニティが決めている場合もあります。

モデルのお寺の収入を見てみましょう。葬儀布施（戒名料含む）は、単価が30万円で年間10件程度と想定して合計約３００万円。運営がしっかりした寺院であれば法事は檀家数の３～４割程度が一般的なため、３・５割と仮定して約70件、布施単価を３万円として合計約２１０万円。季節行事・法要のお布施や、お参りの際に一定金額を包んでくる檀家さんもいるため、その他の布施収入として１９０万円となります。

また、単価１万円の年会費をほぼすべての檀家さんが納入すると仮定して２００万円。墓地収入などで１００万円と仮定して、合計１０００万円の収入があります。この収入の合計金額をスタートラインとして、布施単価が高い地域・お寺や、熱心な檀家さんが多いお寺では収入が上振れます。逆に布施単価が低い地域・お寺や、檀家さんへの教化活動が不十分なお寺では収入が下振れします。

次に支出を見ていきます。お寺は広い境内や大きな建物があるため、維持整備にお金がかかります。檀家さんの協力によってコストを抑えながらも、境内が広すぎると定期的に庭師に剪定《せんてい》・清掃をお願いする必要があります。

近年は風水害の被害も多くなっており、境内整備費は上昇圧力にさらされています。次に教化活動費ですが、檀家さんに対して熱心な教化活動を行っているお寺は、収入の10～20％を充《あ》てています。

また、自動車や通信などが含まれる管理費にも一定金額を割り当てる必要があることに加え、付き合いが広いため相応の交際費が必要になるという、お寺特有の要因もあります。

以上をふまえると、住職やお寺の家族の人件費（給与）に割《さ》ける金額は支出の半分程度となり、住職は支払われた給与の中から社会保障費、所得税、住民税を支払っていくことになります。もし家族を養う場合は、金銭的に余裕がないことはお分かりいただけるでしょう。大多数のお寺の現実は、「坊主丸儲け」という批判とは遠い世界にあることをご理解いただければ幸いです。

以上がざっくりとしたお寺の収支モデルとなりますが、このように見ると葬儀布施30万円という水準も、このお寺をモデルとした場合には赤字にならないための必要な水準であることをご理解いただけると思います。

さらに分かりやすくするため、葬儀布施を時間単価に換算しましょう。実際に檀家さんが亡くなると、住職は檀家さんの自宅に駆けつけて枕経を営みます。そして、遺族と故人の思い出を話しながら、葬儀の日取りや段取り、戒名の相談をします。並行して、あらゆる予定を調整して通夜・葬儀の日程を確保し、当日までは戒名の検討や、白木位牌や儀式で着用する袈裟を準備したり、法話の内容を考えます。

特に戒名は、当日の直前まで悩み続けることも少なくありません。通夜当日は早ければ1時間前、遅くとも30分前には会場に入り、遺族や葬儀社と最終調整して1時間程度の儀式に臨みます。翌日は葬儀・告別式の後、火葬場に付き添います。

また、葬儀の当日に初七日の法要を行う場合もありますし、遺族から誘われれば会食にも同席します。以上をふまえると、真摯な住職であれば、遺族に見えない部分も含めて合計10~15時間くらいを葬儀に使い、要望に応じて後日の相談にも対応します。時間単価に換算すると2万~3万円になり、ここからお寺を維持するさまざまな運営コストが賄《まかな》われていくことや、住職が専門職であることを考えると時間単価は妥当な水準と言えます。

加えて、お寺の規模が大きくなると境内の維持管理費や人件費も増えるので時間単価は高くなる可能性があり、逆に借地などの不動産収入がある場合は布施収入への依存度が低下するので、時間単価は下がる可能性もあります。

モデルとしたお寺の葬儀布施30万円を深掘りしてみました。中身が分からずに30万円という金額だけが提示されると高いと感じますが、実際に真摯なお寺がどのように取り組んでいるかを知った上ではどう感じられますか？　モデルとして示したお寺では葬儀の布施に戒名も含まれており、世の中で言われる高い戒名料が問題になることもありません。お布施は金額だけが独り歩きしがちですが、お布施の裏側にある実質的な取り組みに目を向けることで、お布施に対する見方も変わるかもしれません。

お布施は平均値で考えるものではない

インターネットでお布施の目安を検索してみると、いろいろなサイトに情報が掲載されており、葬儀は15万～50万円程度が大体の共通見解として示されています。

筆者が解説したお寺の収支モデルにおけるお布施単価30万円は平均値ですので、50万円以上のお布施を包む方もいれば、15万円もしくはそれ以下の金額をお布施として包む方もいます。世の中で例示されているお布施の金額の幅に鑑みても、平均単価30万円は妥当な水準です。しかし、地域やお寺によってお布施の目安もさまざまなので、お寺の収支モデルにおけるお布施単価30万円はあくまでも例示としてご理解ください。

お布施の金額が世の中で語られる時、「平均値の罠《わな》」が意識されていません。たとえばお布施の平均単価が30万円の場合、30万円で5件のケースもあれば、15万円が2件、20万円が2件、80万円が1件のケースもあります。前者は金額の散らばりがありませんが、後者は分散しています。そして、お布施の実態は後者のような分散が現実であり、かなり分散した金額によってお布施の平均単価が成り立っています。

お布施が固定的な金額として決まっていると、不自由が多くなります。なぜかと言うと、長い年月の中で家族にはさまざまな状況が起こり、経済的に余裕がある時もあれば、そうでない時もあります。余裕がない時にお布施が固定金額として決まっていると、家計にはとても負担になります。

良心的なお寺は無理をしなくてよい旨を伝えますし、本当に厳しい場合にはお布施をもらわないこともあります。その時のことを恩に感じた家族の場合、後年に家計に少し余裕ができた時に、お布施を多めに包んで御礼とするケースもあります。

長い年月の中で無理なく付き合っていくには、お布施の金額は固定的なものではなく、家計の状況に合わせて柔軟に考えることが大切でしょう。お金があるから供養できて、お金がないから供養できないことになれば世も末です。インターネットでお布施の情報を見る際には「平均値の罠」があることを認識するとともにあくまでも参考情報とし、家族の状況に応じてお布施を考えることが最も大切です。

お布施の時間的価値

お布施は、経済原理のみに矮小化《わいしょうか》して考えるのではなく、2000年を超える長い歴史を持つ仏教やお寺への敬意をふまえることが大切だと考えます。

「ピカソの30秒」という小話があります。画家パブロ・ピカソが街を歩いていると、ピカソの大ファンに絵を描いてほしいと頼まれました。ピカソはさっとスケッチを描いて渡したところ、ファンは大喜び。ピカソは代金として100万ドルを請求しました。「たった30秒で?」と驚くファンに対し、ピカソは「30秒ではありません。30年と30秒です」と答えました。30年間にわたる画家としての研鑽《けんさん》が30秒に描いた絵に詰まっているという、時間の価値を考えさせられる逸話です。

世界は違えども、仏教やお寺も、長年の歴史にわたる多くの人々の努力や研鑽によって現在まで引き継がれています。そして、お寺は単純に金銭換算できない文化財としての価値もあります。多くの僧侶は日々真面目《まじめ》に仏教や寺院運営に向き合い、仏教やお寺の素晴らしさを広く伝え、次の時代につなげていく努力を重ねています。そのような真摯な僧侶と、それを支える篤信《とくしん》の檀信徒による心のバトンリレーを重ねてきた仏教やお寺に対し、葬儀の読経などに対する一種のサービス対価という経済原理のみに収斂させることは、お布施を考える視野が狭いと言えます。

もちろん僧侶やお寺の関係者に、歴史的な時間価値にふさわしい立ち居振る舞いが求められることは強調してもしすぎることはありません。しかし、お布施が「お気持ち」と言われることから考えても、お気持ちに関する自分なりの尺度を持っておくことは大切です。必ずしも読経や法話が上手な僧侶ばかりではありませんので、その僧侶に対するお布施として限定的に考えるとモヤモヤしたものが残るかもしれません。

したがって、今まで続いてきた仏教やお寺への敬意や、お布施をすることが次世代にお寺をつなぐことへの貢献など、目の前の事象と離れた長期的な観点を持つと、経済原理を超えた豊かな営みとしてお布施を捉えられるようになるでしょう。

少し頑張るくらいが、お布施

お布施についてお寺にたずねると、「お気持ちでけっこうです」という答えが返ってくるケースは少なくありません。では、「お気持ち」という便利なようで厄介《やっかい》な言葉を、どのように考えればよいのでしょうか。多くの住職が指摘するのが「高すぎると思ったらお布施ではなく、逆に安くすんだと思うのもお布施ではない。後悔したらお布施ではない」という点です。感応寺の成田住職は次のように語ります。

「お布施は故人の供養のために功徳を積む『施《ほどこ》し』ですので、自分にとって一生懸命な施しであることが大切です。施しは『程《ほど》を越す』、つまり身の程を越すものであり、少し頑張るくらいがお布施と言えます。故人が親であれば自分を一生懸命育ててくれた感謝もあるでしょうから、恩に一生懸命に報いる感謝として、『これでいいかな』と思う身《み》の丈《たけ》の水準を少し超えたところでお布施を考えるとよいのではないでしょうか」

特にお葬式の場合、直後に四十九日忌や百日忌もあり、遺族によってはお墓を検討する必要もあります。供養を続けていくために、お葬式で頑張りすぎないことが大切です。けっして無理はせず、かといって安くしようと安易に考えるのではなく、故人との関係性や感謝などもふまえて、家計を考慮しながら身の丈を少し超えた程度で包むのが、「お気持ち」に従ったお布施の適切な考え方と言えるでしょう。

お布施はコミュニケーションが大切

お布施には大きく分けると次のようなパターンがあります。

・固定的な金額を明示するお寺
・檀家側がコミュニティとしてお布施の金額を決めているお寺
・たずねられれば平均的な目安を示しつつも、お気持ちに任せているお寺
・目安そのものがなく、完全にお気持ちに任せているお寺

ご自身がお付き合いされるお寺や、興味のあるお寺がどのパターンに当てはまるのか見極めましょう。お布施の問題はコミュニケーションのすれ違いに起因することが多く、お寺と率直にコミュニケーションすることが重要です。多くの住職は家族の事情を聴いてくれますので、お布施の金額に悩んだ時は、まずはお寺に相談してみましょう。

【お布施のポイント】

●インターネット検索などで得られるお布施の情報は平均値。ばらつきがあるのがお布施の本来の姿であり、平均値よりも家計を基準に考えることが大切

●お布施は「施し」。故人との関係性をふまえ、少し頑張るくらいがお布施として適当。その際は長期的に供養を続けられるよう、家計に無理のない範囲で考える

●経済原理以外の尺度も持つと、お布施を豊かな営みとして捉えられる

●お布施に迷ったら、お寺と率直にコミュニケーションする

【お寺選び】

住職に会う

自分に合った供養を実現するために大切なのは、お寺選びです。特に最重要なポイントは「住職に会うこと」です。感応寺の成田住職は次のように語ります。

「万人に当てはまる良いお寺はありません。良いお寺というよりも相性が大切です。特に住職とは会ったほうがよいです。住職の人柄や表情を見て、ご自身と合うかを見極めましょう。仏教的なことを聞くと、早めに判断しやすいかもしれません。分かりやすい答えが返ってこない人は勉強していない可能性がありますし、時には面倒な顔をしたり、怒ったり、不機嫌になる住職もいます。そういうお寺はやめたほうがよいですね」

仏教的なことをたずねる際、一般人に分かりやすい言葉で話してくれるかどうかはポイントです。仏教は専門用語が多いので、難しい言葉を並べて煙《けむ》に巻く住職は避けたほうが無難です。

作家・井上《いのうえ》ひさしの「むずかしいことをやさしく、やさしいことをふかく、ふかいことをおもしろく」という名言がありますが、素晴らしい住職はこの言葉が当てはまります。

そして、仏教はすぐに理解できるというよりは、じわじわと理解が深まるものなので、仏教を「味わい深く」教えてくれる住職と出会うことができたら最高ですね。

本休寺の岩田住職も、住職に会うことの大切さを指摘します。

「葬儀社の紹介でお寺と関係が始まる場合、良い関係性を築けるかは運です。人間なので相性が大切であり、生前にいろいろな住職に会いましょう。もしお布施が良心的だったりお墓が良いと思っても、住職の人間性と合わないならば避けたほうがよいです」

万人に当てはまる良いお寺や住職はおらず、人間なので相性が大切との指摘はもっともであり、長いお付き合いにはきわめて重要です。有名なお寺だから、著名な住職だからという外形的な基準ではなく、自分に合うかという実質的な観点で見極めましょう。

筆者個人の意見としては、数多くの僧侶と出会ってきた中で、自然な笑顔の僧侶は良いと思います。自然な笑顔とは、普段の表情に笑顔的な柔《やわ》らかさがあり、微笑が感じられるという意味です。もちろん破顔一笑《はがんいっしょう》や屈託のない満面の笑みがあれば良いですが、それ以上に平静の自然な笑みで安心感を与えてくれることを重視しています。

というのも、お寺にお参りしたり僧侶に会いに来る人は、世間的なストレスから離れた安心感を求めます。そのような時に自然な笑顔で応対してくれる僧侶であれば緊張感はほぐれ、安らぎを覚えるはずです。仏教のお布施の一つである無畏施（145ページ）の観点からも笑顔でいること（和顔施《わげんせ》）は大切なことですし、拈華微笑《ねんげみしょう》（お釈迦さまが無言で一輪の花をひねった時、一人の弟子が真意を悟って微笑みを返した故事。以心伝心）というエピソードからも、笑顔で心を通じ合うことは仏教やお寺ではとても重要です。

出会う僧侶が自分のことばかりを話すのではなく、あなたの話に耳を傾け、自然な笑みを通じて気持ちを受け止めてくれるかどうかは、お寺との出会いを見極めていく一つの観点だと考えます。

また第五章「永代供養墓は人なり」でも言及しましたが、住職に加えてお寺のスタッフの人柄を見極めることも大切です。受付で丁寧に対応してくれるか、境内を歩いている時に挨拶してくれるかなどを見るとともに、電話応対の感じが特に重要です。

お寺には檀家さん以外からもさまざまな電話がかかってきて、営業電話も多い現実があります。そのような中で、どんな電話に対しても感じ良く丁寧に応対してくれるかどうかは、そのお寺の姿勢を端的に表しています。したがって、お寺を訪問することに加えて、実際にお寺に電話してみて、その応対を見ることも見極め方法の一つです。

インターネットで情報入手

筆者がお寺と関わってから10年以上が経過しますが、当時と比べるとインターネットを通じて情報を得られるお寺が多くなりました。ホームページを公開していなくても、SNSで発信するお寺も増えました。

実際、多くの住職が「ホームページやSNSを頻繁に更新しているお寺であればオープンな姿勢があるので、お付き合いしても大丈夫」と指摘します。お寺の要素はいろいろとありますが、歴史、設備、行事、アクセスなどはお寺を訪問する際にはぜひ事前にインターネットでチェックしましょう。

筆者は、安心してお付き合いできるお寺を紹介する、お寺探しのポータルサイト「まいてら」(mytera.jp) を運営しています。「まいてら」には、全国各地で檀家さんや地域社会のために一生懸命に尽力する超宗派のお寺が登録しています。サイトとしての特長は次のようなものが挙げられます。

・お寺の概要を包括的に分かりやすく紹介
・住職やお寺スタッフの人柄が垣間《かいま》見えるコンテンツを掲載
・安心して供養を任せられ、相談にも快く応じてくれるお寺を紹介

運営側がすべての「まいてら」寺院に訪問し、住職やお寺のスタッフと信頼関係を築いています。お住まいの近くに「まいてら」寺院があるか、ぜひ検索してみてください。

また、「まいてら」以外にも個性的な切り口でお寺や僧侶を紹介するサイトが多くあります。僧侶が悩み相談に応じる「hasunoha（ハスノハ）」、お寺が取り組むソーシャル・プロジェクトを紹介する「まち寺」、全国の寺社を紹介する「ホトカミ」など、それぞれに独自性の高いコンテンツでユーザーを集めています。

それぞれのサイトを眺めながら、ご自身の興味を惹かれるお寺や僧侶を探していただき、実際にそのお寺にお参りして相性を見極めていくことをおすすめします。

【お寺選びのポイント】

●お寺との相性は、住職との相性。実際に住職と会い、話をしてみる
●お寺のスタッフの挨拶や対応を確認。電話をすると見極めやすい
●インターネットでお寺の情報を収集しやすい時代。訪問前にお寺のホームページや、「まいてら」などのポータルサイトを眺めてみる

終章

これからの供養

変わらない気持ち、変わる形

前章まで、供養が自由化する時代における供養の要諦《ようてい》を、さまざまな角度から見てきました。終章ではこれからの供養の方向性を考察します。妙法寺の久住住職は、次のように語ります。

「供養の形は変わっていきますが、大切な人を供養したいという気持ちは変わっていかないと思います。特に若い人の水子供養に接すると、供養したいという気持ちがとても伝わってきます。ただ、これからは気持ちを表現する形は変わっていきます。お寺としても形にとらわれず、その人に合った供養を実現してあげたいです」

供養の気持ちは変わらず、そして若い人に強い気持ちが出ているという点は長谷寺の岡澤住職も指摘します。

「長谷寺の永代供養墓に合祀された方の弟が亡くなられた際、弟の娘2人が『私たちは普通にお参りしたい』と言いました。家の近くの霊園にお墓を建て、社会人と高校生の娘はうれしそうにお参りしています。平成後半に生まれた子でも、手を合わせる場所と時間が欲しいという感覚が強く出ています。特にこれからの時代は今までの揺り戻しで、若い世代に供養の気持ちが強く出るのではないでしょうか」

若い世代において死生観の変化が出ているという点は、第二章で言及した「台頭するあの世観」とも重なります。同じく第二章で紹介したＹｏｕＴｕｂｅで多数の動画配信をする善光寺の大久保住職も、ネット上のやり取りで若い世代の供養に対する真摯な気持ちを感じると言います。

昨今は亡くなった家族を供養する気持ちを身振りで表現する動画がＳＮＳに投稿されて賛否両論を巻き起こした事例もありますが、デジタルネイティブ世代のテクノロジーを使いこなすスキルと供養の気持ちが結びついた時、現時点では想像もつかない供養の形が具現化されていくのでしょう。

簡素化の時代は供養のコンシェルジュが必要

変わる形において最も影響を受けるものは伝統です。瑞相寺の三谷住職は次のように指摘します。

「供養の簡素化は間違いなく進みます。法事の件数も減り、弔い上げも早くなり、三十三回忌まで行う家は減少します。参列者も少なくなり、親戚一同を呼ぶ以前の流れには戻らないでしょう。今後は法事やお墓が、ある種の贅沢品になるかもしれません」

一方で、正蓮寺の渡邉住職は、簡素化は必ずしも悪いことではないと言います。

「新型コロナの前から、贅肉《ぜいにく》が削《そ》ぎ落とされてきました。今の法事は親戚や地域の隣組への配慮をはじめ、食事や席順を考えたり、さまざまな段取りがなくなりました。その分、亡くなった家族への思いに集中でき、仏教の価値も伝わりやすい純度の高い場になったと思います」

西岸寺の中西住職も、簡素化にはポジティブな側面もあると語ります。

「家族葬が増え、参列者が少なくなっていますが、喪主や遺族が故人に向き合う時間や余裕ができたという点では、以前のように多数の参列者に挨拶し続ける葬儀よりも良い面はあります。また、仏壇も宗派スタンダードが強くなって華美になりすぎました。簡素化でシンプルになったからこそ、仏壇本来の意味も考えやすくなります」

そして、簡素化は地域の慣習が廃《すた》れていくことの裏返しでもありますが、命日より前に法事をすることや、四十九日忌は命日のある月から数えて3カ月を超えないことなど、意味のない迷信のような慣習は廃れて当然と、どの住職も口をそろえます。ただ、簡素化においては留意すべきこともあると、中西住職は指摘します。

「お布施をはじめ何もかも、インスタントな答えを求められる風潮があります。みんなすぐに理解して納得したいのです。しかし、インスタントではすまされないのが死者儀礼であり、時間をかけないと分からないこともあります。最愛の人と別れる苦しみについて、宗教は先人たちが1000年以上向き合ってきた知恵の結晶です。人生を豊かにする知恵は時間をかけないと理解できません。宗教性や先人知を軽視し、経済的な負担を減らすだけの簡素化は、かえってご本人を苦しめることにつながります」

長谷寺の岡澤住職も、長い時間をかけないと分からないことがあると語ります。

「3分で分かる、5分で分かるが氾濫《はんらん》する世の中ですが、瞬間的に伝わるものばかりではなく、時間が経つことではじめて腑《ふ》に落ちるものがあります。すぐに価値や成果が分かるものばかりで世界はできていません。スピード感や分かりやすさだけに向き合っていると、長い時間向き合っていないと分からないものに触れられず、人生の貧困になるのではないでしょうか。四十九日忌や一周忌、そして三回忌と、なぜやらなければいけないのか分からなかったとしても、まずは伝統というルートマップを踏んでいくことで、数年後に出会える安心感や気づきがあります」

本書では供養の伝統的な型が安心感を醸成することを繰り返し強調していますが、簡素化は自然と進展するにせよ、先人の知恵が詰まった伝統を適切に取り入れていくノウハウやさじ加減が、いっそう必要な時代になっていると言えます。その点では、供養のコンシエルジュたる良きお寺・僧侶との出会いは、より大切になるのではないでしょうか。

お金がなくても供養はできる

供養の簡素化が進み、地域慣習が廃れ、地域との人間関係も希薄化していく中で、これからの時代は供養にあずかれない人が必然的に増えていきます。供養難民が増えかねない時代において、妙法寺の久住住職は弔い直しなど、供養漏れを防ぐ取り組みを進めることの大切さを強調します。

「家族事情や経済事情にかかわらず、供養から漏れてしまう人たちに応えていきたいです。供養したいという人にしっかりとした価値を届けられるよう、供養の駆け込み寺として対応の柔軟性を高めていきます」

本立寺の中島副住職も、次のように語ります。

「通夜・葬儀、四十九日忌という通常のレールに乗れない人や、脱落した後に戻れない人が、新型コロナで増えたと感じます。直葬になったことも何らかの理由があるはずですが、脱落のままでいかないよう、いつでもレールに戻れる窓口があることが大切だと思っています」

本立寺では、諸事情で葬儀や供養をできなかった人たちの墓前で、「ご縁のあった方々に一人として供養漏れを作ってはいけない」という思いから、お寺が施主となり墓前で自主的に葬儀を行います。供養漏れゼロを目指し、どのような状況であれ、お寺に相談してもらいたいと中島副住職は強調します。

「布施なき経を読む」という言葉がありますが、他人からの依頼でお経を読むのは僧侶として当たり前のこと。現在、お経を読むことはお布施の対価のようになっていますが、依頼もされず、誰も見ておらず、まったく報酬がなかったとしても真摯に読経する僧侶は少なくありません。供養を使命として専心する僧侶の頑張りこそが、供養漏れを防ぐ原動力です。

瑞相寺の三谷住職も力を込めて次のように語ります。

「お金を持っている人だけが供養できる時代は世も末です。供養が贅沢品になってはダメなんです。供養の気持ちがあるけど、お金がなくてやれないという人こそ大切にしていくお寺でありたいです」

瑞相寺では、お布施の金額分布を広く公開した際、地域からの大反響がありました。立地する山口県岩国《いわくに》市内の葬儀における瑞相寺のシェアも年々高まり、その中にはお布施をいただかずに挙げる葬儀も少なくないとのことです。また評判が地域を超え、近隣自治体の役所から身寄りのない故人に関する埋葬の問い合わせが増えているそうです。

供養はお金がかかるものと思われがちですが、お金がなくても丁寧な供養はできます。もちろんお金があれば豪勢な葬儀ができますし、大きなお墓も買えるでしょう。しかし、お金だけが良い供養の価値基準になれば世も末です。家族の不和によって大きなお墓が草だらけになっている光景は残念ですし、そのようなお墓は全国に少なくないのではないでしょうか。

お金の多寡《たか》よりも身の丈《たけ》に合った供養こそが長続きする秘訣です。お金が十分にはなかったとしても、身の丈に相応で、かつ心のこもった供養を実現したい場合、頼れるお寺・僧侶と出会うことができれば、その願いは叶えることができます。

存在感が高まるルーツ

変化が激しく、居住地も流動する時代において、逆説的にますますルーツの存在感が増すと指摘するのは、清元院の井上住職です。

「鳥取県にあるうちのお寺は過疎先進地ですから、全国に縁者が散らばっています。最近、地元を離れて何十年も経つ人から連絡をもらうことが増えてきました。茨城県に住む方は妻が亡くなった後、今の居住地で菩提寺を選んだそうですが、急に先祖の菩提寺が気になったようです。他の方でも地元から離れて40年経ち、夫とは円満に暮らしているものの実家のお墓が気になるとのことで、代わりに拝んでほしいというお願いもあります。仕事や子育てなど、がむしゃらにやってきたことがひと段落した時、人生のゴールや死が現実味を帯び、自分のルーツが気になるのでしょう。終活という時代の流れもルーツを意識する機会を増やすことになっていると思います」

ルーツの存在感が増す背景には、変化にさらされ続けてきた人生の終わりにおいて、死後の安定という錨《いかり》を求める魂の希求があると考えます。そして、変化が加速するこれからの時代において、ルーツが分かっていることのありがたさは増すでしょう。伝統的な死生観の退潮は、自分がどこ（＝ルーツ）から来たのか分からず、どこ（＝死後の世界）に行くのかも分からない人が増えることを意味します。それは、私たちの魂は錨を失って始終漂い続け、生前も死後も常にそこはかとない不安にさいなまれる可能性があるということでもあります。

井上住職はインターネットが発達したことで、以前よりもルーツの地域や菩提寺を調べやすくなったことも影響していると言います。

技術の発展でルーツに関わる情報を保存しやすい時代になったことは間違いありません。一方で技術が発達しても、ルーツに関わる核心とも言える死者の記憶を、誰が長期的に保存し続けるのかという課題が残ります。手元にある大量のデジタル写真をほとんど見返さないことも考えると、家族や個人で長期にわたって死者の記憶を管理するのは限界があります。

それでは、技術的に問題ないであろうＧｏｏｇｌｅやＦａｃｅｂｏｏｋなどのＩＴ企業がずっと管理し続けられるかと言うと、直観的にそれらの企業が１００年後も存在する可能性は低いと感じます。

お寺は昨今運営が厳しいと言われますが、１００年後も存在するお寺は全国に相当数あるはずです。確証はありませんが、お寺は今までも数百年続いてきたのでこれからも続く可能性が高そうな気がしますし、お寺には昔から故人に由来する物が数多く寄贈され、死者の記憶が目に見える形で存在しています。

・お寺の本堂や境内に、故人が寄付した仏具や物品が大切に置かれている
・故人が大切にしていたレコードや書籍などが、遺品としてお寺に寄贈されている
・戒名が記された過去帳に、住職が接した故人の人柄やエピソードが添え書きされている

故人の子孫は寄贈された物と触れることで、お寺で亡き祖父母や先祖と出会い直しま

す。この光景は多くのお寺で見られますし、テレビ番組で過去の人の生きざまを明らかにしていく際、取材先でお寺が出てくる場面を見た人は多いでしょう。過去からずっとお寺は「死者の記憶バンク」でした。記憶の保存技術はもちろん大切ですが、記憶を保存する主体が長続きすることが最重要です。

今まで死者の記憶は家族や地域という共同体によって保存・伝承されてきましたが、近年は血縁・地縁が希薄化し、死者を記憶する責任主体は個人に委ねられる時代になりました。

そのような時代にルーツを保存し続けたい場合、「死者の記憶バンク」たるお寺は頼りがいのある存在です。そして、今までお寺に寄贈される物はアナログ中心でしたが、これからはデジタルデータも託されていく時代になっていくでしょう。

最後に

ルーツとなるご先祖は、世代をさかのぼるごとに2の累乗で増えていきます。10世代で1024人だったご先祖は、20世代で100万人を超え、30世代をさかのぼるとなんと10

億人を超えます。

30代前のご先祖となると600年前から700年前くらいでしょうか、鎌倉時代末期から室町時代の前半にあたります。頻発する飢饉や疫病、南海トラフ地震にあたる正平《しょうへい》(康安《こうあん》)地震や水災害・干ばつ、民衆の土一揆など、その後の応仁《おうにん》の乱に続く社会変動の大序曲が始まっていた時代でした。本書を読まれる誰にも存在している30世代前の10億人のご先祖は、その大激動の時代を生き抜き、私たちにつながる命のバトンリレーをしてくれました。30世代より前のご先祖を含めて、私たちは数えきれない命のリレーによって今ここに生きています。

数多のご先祖に鑑みると、自分のご先祖は出会ったことのない誰かのご先祖と重なっているとも考えられます。私たちはお互いに赤の他人と思いながらも、実はご先祖をたどれば根っこのところでつながっています。今日街ですれ違った人も、明日すれ違うかもしれない人とも。

生きていれば他者に怒ったり、憎んだりすることもあるでしょうが、共通のご先祖から見れば些細な内輪の争いかもしれません。むしろもっと仲良くお互い利他的に生きることを諭《さと》すでしょう。ご先祖の視点を持つことで私たちは自らのエゴを抑え、他者と円満な関係を築き、ゆったりとした心持ちで日々を過ごせるのではないでしょうか。

私たちが生きる現代社会は世界規模で動乱し、先行きが見えない諸行無常《しょぎょうむじょう》の時代です。しかし、いつの時代のご先祖も、先が見えない中で精一杯その時代を生き抜いてきたことを想えば、私たちも置かれた場所で一生懸命に役割を果たし、自己の最善を他者に尽くして利他的に生きていくことが、命のバトンリレーの負託に応える生き方と言えます。それは「善く生きる誓い」という供養の本義を全《まっと》うすることでもあります。

そして、命という観点に立てば、それは人間の命だけではなく、地球環境が危惧される中、生きとし生けるあらゆるものの命にも、目を向けることが求められている時代です。真摯な供養を通じて育まれる感謝の気持ちが生活空間や自然界にも振り向けられていくことは、供養の自然な働きです。供養は死者とのつながりを縁《えん》に生き方を見つめ直し、自らを超えた命への感謝が育まれ、結果として幸せを感じやすい心と生き方に成長していくという、現代人にとって不可欠な営みではないでしょうか。

さて、供養について多面的に考えてきた本書もいよいよ終わりです。読者のみなさんにとっては今まで考えたことがなかった供養の姿も見えてきたのではないでしょうか。「供養は大切だな」「久しぶりに供養しようかな」という気持ちが、もし湧いてきた方がいらっしゃれば望外の喜びです。それでは最後に質問です。

・あなたにとってご先祖はどのような存在で、今後もどのようにつながっていきたいですか？
・あなたは家族など親しい人をどのように送り、供養したいですか？
・あなたは死後にどのように送られ、供養されたいですか？　そして、どのような先祖として記憶されていきたいですか？

あなたや親しい方の生前と死後の幸せにつながる供養をどのようにデザインするかという課題は、現代社会の加速度的変化とともに大きくなっていきます。周囲に頼れる家族や友人の有無にかかわらず、もし迷った場合には頼れるお寺の門を叩いてはいかがでしょうか。門の先にいる僧侶との交流を通じて、ご先祖や大切な故人と出会い直していくととももに、本書では語ることができなかったお寺や仏教の魅力と出遇い、読者お一人おひとりが安心に包まれながら、利他の人生を歩んでいかれることを心から願ってやみません。

おわりに

仕事柄、多くの僧侶から供養にまつわる良い話を聞いてきました。現代を生きる人々がそのような話に触れる機会が増えれば、日本の供養文化も持続し、社会の幸福度も増すのではないかという思いがずっとありました。

一方で、今の日本仏教は宗派や寺院という個別の世界に閉じています。個別の世界は一つひとつが数百年を超える歴史を持つとても豊かな存在ではありますが、深い専門性が色濃くなりすぎて、生活者の誰もが親しみを持つには少し難しい状況に陥っています。

人々は供養が嫌なのではなく、専門的で柔軟性に欠け、供養の豊かな意味を分かりやすく伝えてくれないお寺に魅力を感じなくなっているのだと思います。現代人のお寺離れとも言われますが、本質は真逆で、少なからぬお寺や僧侶の振る舞いが人々の気持ちから離れていったことがお寺離れの根本的な原因ではないでしょうか。

本書はこのような問題意識のもと、宗派や寺院という個別の門をくぐる前の、普遍的で興味や親しみが湧く門前広場的な供養の話となることを心がけて執筆しました。

できる限り分かりやすく平易な言葉を用いたつもりですが、もし伝わりにくい内容がありましたら、ひとえに筆者の拙《つたな》い筆力によるものであり、お詫びいたします。

一方で、本書がきっかけで供養の価値に気づかれ、どこかのお寺の門をくぐる方がいらっしゃれば無上の喜びです。

本書の執筆にあたっては、生活者目線で日々尽力する超宗派の僧侶にご協力いただきました。陰《いん》に陽《よう》にご協力いただいたすべての僧侶のみなさまに心から感謝を申し上げます。本書に登場した僧侶の所属する寺院のリストを巻末に掲載しましたので、読者のみなさまの参考になれば幸いです。

また、祥伝社新書編集部の飯島英雄編集長、編集者の水無瀬尚さんには、本書が日の目を見るにあたって的確なアドバイスをいただき、深くお礼を申し上げます。

最後に私事となりますが、本書は亡き息子への供養という思いを重ねて執筆しました。出会いは人生を広げ、悲しみは人生を深めると言われますが、息子との出会いと悲しみは人生における幸せの奥行きに気づかせてくれました。息子の仏前で手を合わせる2人の子どもにも、本書を通じて息子の記憶を伝える形ができたと感じています。

そして、11年前にお寺を顧客として起業するという、訳の分からないことを言い出した夫を見放さず、常に温かく見守ってくれる慈悲深い妻に深く感謝するとともに、命を連綿とつないでくれた両親と祖父母、幾億のご先祖さま、心からありがとうございます。

	住所
	大阪府大阪市住吉区墨江4-15-15
	東京都世田谷区上馬4-30-1
	福岡県田川市川宮1513-7
	広島県大竹市小方2-10-3
	福岡県北九州市八幡西区町上津役西4-9-34
	神奈川県足柄上郡大井町金子3315
	三重県津市栄町1-892
	石川県金沢市石引1-4-20
	静岡県伊豆の国市南江間930
	山口県岩国市岩国1-14-21
	鳥取県東伯郡琴浦町宮木57
	青森県弘前市大字新町249
	北海道岩見沢市幌向南1条1-83
	秋田県男鹿市船川港船川鳥屋場34
	広島県広島市中区八丁堀5-2
	大阪府池田市古江町58
	長野県長野市篠ノ井塩崎878
	青森県八戸市豊崎町上永福寺20-2
	愛知県津島市池麩町2
	大阪府南河内郡河南町加納247
	千葉県千葉市緑区高津戸町450
	東京都品川区東五反田3-6-17
	広島県広島市中区小町2-1
	神奈川県横浜市戸塚区名瀬町772-4
	東京都墨田区横川1-3-18
	岐阜県関市下有知5055-1

本書に登場する寺院リスト(50音順)

寺院名	本書に登場した方	宗派
願生寺	大河内大博	浄土宗
感応寺	成田淳教	浄土宗
西岸寺	中西無量	真宗大谷派
西念寺	正木耕太郎	浄土宗
西法寺	西村達也	浄土真宗本願寺派
最明寺	加藤宥教	東寺真言宗
四天王寺	倉島隆行	曹洞宗
乗円寺	福田乗	真宗大谷派
正蓮寺	渡邉元浄	真宗大谷派
瑞相寺	三谷彰寛	浄土宗
清元院	井上英之	曹洞宗
専求院	村井麻矢	浄土宗
善光寺	大久保瑞昭	浄土宗西山禅林寺派
大龍寺	三浦賢翁・グレッチェン	曹洞宗
超覚寺	和田隆恩	真宗大谷派
如来寺	釈徹宗	浄土真宗本願寺派
長谷寺	岡澤慶澄	真言宗智山派
普賢院	品田泰峻	真言宗豊山派
宝泉寺	伊藤信道	浄土宗西山禅林寺派
法華寺	庄司真人	法華宗
本休寺	岩田親静	日蓮宗
本立寺	中島岳大	日蓮宗
妙慶院	加用雅信	浄土宗
妙法寺	久住謙昭	日蓮宗
龍興院	大島慎也	浄土宗
龍泰寺	宮本覚道	曹洞宗

写真出所　すべて著者
図表作成　篠 宏行
本文デザイン　盛川和洋
本文ＤＴＰ　キャップス

切りとり線

★読者のみなさまにお願い

この本をお読みになって、どんな感想をお持ちでしょうか。祥伝社のホームページから書評をお送りいただけたら、ありがたく存じます。今後の企画の参考にさせていただきます。また、次ページの原稿用紙を切り取り、左記まで郵送していただいても結構です。

お寄せいただいた書評は、ご了解のうえ新聞・雑誌などを通じて紹介させていただくこともあります。採用の場合は、特製図書カードを差しあげます。

なお、ご記入いただいたお名前、ご住所、ご連絡先等は、書評紹介の事前了解、謝礼のお届け以外の目的で利用することはありません。また、それらの情報を6カ月を越えて保管することもありません。

〒101-8701（お手紙は郵便番号だけで届きます）
祥伝社　新書編集部
電話03（3265）2310
祥伝社ブックレビュー　www.shodensha.co.jp/bookreview

★本書の購買動機（媒体名、あるいは○をつけてください）

＿＿＿＿新聞の広告を見て	＿＿＿＿誌の広告を見て	＿＿＿＿の書評を見て	＿＿＿＿の Web を見て	書店で見かけて	知人のすすめで

★100字書評……これからの供養のかたち

名前

住所

年齢

職業

井出悦郎　いで・えつろう

1979年生まれ。東京大学文学部卒業。東京三菱銀行（現・三菱UFJ銀行）、グリー、ICMGを経て、2012年に一般社団法人 お寺の未来を設立。現在、同法人代表理事。寺院や宗派を対象とした豊富なコンサルティング実績を持ち、寺院紹介ポータルサイト「まいてら」を運営。複数の企業の経営顧問も務め、経営論理と現場の人間心理にもとづく俯瞰的かつ長期的な視座による助言に定評がある。

「まいてら」 https://mytera.jp/

これからの供養《くよう》のかたち

井出悦郎《いでえつろう》

2023年6月10日　初版第1刷発行

発行者……………辻 浩明
発行所……………祥伝社しょうでんしゃ
〒101-8701　東京都千代田区神田神保町3-3
電話　03(3265)2081(販売部)
電話　03(3265)2310(編集部)
電話　03(3265)3622(業務部)
ホームページ　www.shodensha.co.jp
装丁者……………盛川和洋
印刷所……………萩原印刷
製本所……………ナショナル製本

Printed in Japan　ISBN978-4-396-11681-1　C0214

〈祥伝社新書〉
歴史に学ぶ

366
はじめて読む人のローマ史1200年
建国から西ローマ帝国の滅亡まで、この1冊でわかる!
東京大学名誉教授
本村凌二

463
ローマ帝国 人物列伝
賢帝、愚帝、医学者、宗教家など32人の生涯でたどるローマ史
本村凌二

168
ドイツ参謀本部 その栄光と終焉
組織とリーダーを考える名著。「史上最強」の組織はいかにして作られ、消滅したか
上智大学名誉教授
渡部昇一

379
国家の盛衰 3000年の歴史に学ぶ
覇権国家の興隆と衰退から、国家が生き残るための教訓を導き出す!
渡部昇一
本村凌二

541
日本の崩壊
日本政治史と古代ローマ史の泰斗が、この国の未来について語り尽くす
東京大学名誉教授
御厨 貴
本村凌二

〈祥伝社新書〉
歴史に学ぶ

545
日本史のミカタ
「こんな見方があったのか。まったく違う日本史に興奮した」林修氏推薦
国際日本文化研究センター所長 井上章一
東京大学史料編纂所教授 本郷和人

588
世界史のミカタ
「国家の枠を超えて世界を見る力が身につく」佐藤優氏推奨
井上章一
小説家 佐藤賢一

630
歴史のミカタ
歴史はどのような時に動くのか、歴史は繰り返されるか……など本格対談
井上章一
国際日本文化研究センター教授 磯田道史

578
世界から戦争がなくならない本当の理由
なぜ「過ち」を繰り返すのか。池上流「戦争論」の決定版！
ジャーナリスト 名城大学教授 池上 彰

570
資本主義と民主主義の終焉
平成の政治と経済を読み解く
歴史的に未知の領域に入ろうとしている現在の日本。両名の主張に刮目せよ
法政大学教授 水野和夫
法政大学教授 山口二郎

〈祥伝社新書〉
芸術と芸能に触れる

358
芸術とは何か 千住博が答える147の質問
「インターネットは芸術をどう変えたか？」「絵画はどの距離で観るか？」……ほか
日本画家 千住 博

349
あらすじで読むシェイクスピア全作品
「ハムレット」「マクベス」など全40作品と詩作品を収録、解説する
東京大学教授 河合祥一郎

413
思いがけない日本美術史
日本画はいつも新鮮！ 長《は》谷《せ》川《がわ》等《とう》伯《はく》、仙厓《せんがい》ら12の作品から知る鑑賞のツボ
明治神宮ミュージアム館長 黒田泰三

561
ゆるカワ日本美術史
土偶、埴輪から仏像、絵巻、禅画、近代絵画まで、ｋａｗａｉｉの源流を辿る
跡見学園女子大学教授 矢島 新

599
現代アートをたのしむ 人生を豊かに変える五つの扉《ドア》
「わからない」が「面白い」に変わる、現代アートのガイダンス
作家 原田マハ
キュレーター 高橋瑞木